みんなの日本語
初級 I 第2版

Minna no Nihongo

초급 일본어 I
번역·문법해설—한국어판

**翻訳・文法解説
韓国語版**

スリーエーネットワーク

©1998 by 3A Corporation

All rights reserved. No part of this publication may be reproduced, stored in a retrieval system or transmitted in any form or by any means, electronic, mechanical, photocopying, recording, or otherwise, without the prior written permission of the Publisher.

Published by 3A Corporation.
Trusty Kojimachi Bldg., 2F, 4, Kojimachi 3-Chome, Chiyoda-ku, Tokyo 102-0083, Japan

ISBN978-4-88319-647-0 C0081

First published 1998
Second Edition 2013
Printed in Japan

머리말

　본 교재는 『みんなの日本語』라는 제목에서도 알 수 있듯이 처음으로 일본어를 배우는 사람 누구나 즐겁게 공부할 수 있고 가르치는 사람도 흥미진진하게 가르칠 수 있도록 3년이 넘는 시간에 걸쳐 기획·편집한 책으로, 『新日本語の基礎』의 자매편이라고도 할 수 있는 본격적인 교과서입니다.

　잘 아시는 바와 같이 『新日本語の基礎』는 기술 연수생들을 위하여 개발된 교과서임에도 불구하고, 초급 단계 일본어 교재로서의 내용도 충분히 갖추고 있어서 단기간에 일본어 회화 능력을 습득하고자 하는 학습자들에게 학습 효율이 매우 뛰어난 교과서로 알려져, 현재까지도 일본 국내는 물론 해외에서도 폭넓게 이용되고 있습니다.

　바야흐로 최근의 일본어 교육은 점점 다양화되고 있습니다. 국제 관계의 발전에 따라 여러 외국과의 인적 교류가 활발해지고 있는 가운데, 다양한 배경과 목적을 지닌 외국인들이 일본의 지역 사회에서 생활하게 되었습니다. 이와 같은 외국인의 증가에 따른 일본어 교육을 둘러싼 사회적 상황의 변화는 각각의 일본어 교육의 현장에도 영향을 미쳐, 다양해진 학습자 요구에 적합한 개별적 대응이 요구되고 있습니다.

　이와 같은 시대적 상황 속에서 3A 네트워크는 일본 국내외에서 오랫동안 일본어 교육에 힘써 온 많은 분들의 의견과 요구에 부응하고자 『みんなの日本語』를 출판하게 되었습니다. 다시 말해 『みんなの日本語』는 『新日本語の基礎』의 학습 항목과 학습 방법이 이해하기 쉽다는 장점을 살리는 동시에, 회화 장면 및 등장인물 등을 다양해진 학습자에게 맞게 바꿈으로써 범용성을 높이고, 국내외 학습자들이 그 지역의 특성에 관계없이 즐겁게 일본어를 학습할 수 있도록 내용의 충실화에 온 힘을 다했습니다.

　『みんなの日本語』의 사용자는 직장, 가정, 학교, 지역 등에서 당장 일본어로 의사소통해야 하는 모든 외국인입니다. 초급 교재이지만 등장하는 외국인과 일본인 사이의 교류 장면에 일본의 제반 사정과 일본인의 사회생활 및 일상생활을 최대한 반영하고자 노력하였습니다. 주로 일반 사회인을 대상으로 하고 있으나, 대학 진학 준비 과정, 전문학교 및 대학의 단기 집중 과정의 교재로도 유용하게 사용할 수 있습니다.

　나아가 3A 네트워크는 보다 다양해진 학습자와 학습 현장으로부터의 여러 요구에 부응하기 위하여, 앞으로도 새로운 학습 교재의 제작을 적극적으로 지속해 나갈 예정이오니 계속 변함없는 관심과 애정을 보내 주시길 부탁 드립니다.

　마지막으로 실제 수업 현장에서 사용한 후의 피드백을 비롯하여 본 교재의 편찬에 필요한 다방면의 의견과 적극적인 협력을 주신 분들께 지면을 빌어 깊은 감사를 드립니다. 3A 네트워크는 앞으로도 일본어 학습 교재의 출판 등을 통하여 인간과 인간의 네트워크를 전세계로 펼쳐 나갈 수 있기를 진심으로 기대하고 있습니다.

　아무쪼록 앞으로도 지속적인 성원과 지도 편달을 부탁 드립니다.

1998년 3월

주식회사 3A 네트워크

대표취체역 사장　오가와 이와오 (小川**巖**)

제 2 판 머리말
──『みんなの日本語 初級 第2版』 발행에 즈음하여──

이번에『みんなの日本語 初級 第2版』을 발행하게 되었습니다.『みんなの日本語 初級』는 초판 머리말에도 썼듯이 기술 연수생을 위해서 개발된『新日本語の基礎』의 자매편이라고 할 수 있는 교과서입니다.

이 책의 초판 제 1 쇄 발행은 1998년 3월입니다. 이 시기에는 국제 관계의 발전에 따라 일본어 교육을 둘러싼 사회 환경도 변하고 학습자 수의 급격한 증가와 함께 학습 목적과 요구 사항도 눈에 띄게 다양해져서 이에 적합한 개별적 대응이 요구되었습니다. 3A 네트워크는 국내외 일본어 교육의 실천 현장으로부터의 의견과 요구에 부응하기 위하여『みんなの日本語 初級』를 출판하였습니다.

『みんなの日本語 初級』는 학습 항목과 학습 방법이 알기 쉽고, 학습자의 다양성을 고려하여 제작되어 범용성이 높으며, 교재로서의 내용도 충분히 갖추고 있어서 일본어 회화 능력을 단기간에 습득하려는 학습자들에게 학습 효과가 뛰어나다는 평가를 받으며 10년 이상 애용되어 왔습니다. 그러나 언어는 살아 움직이는 것입니다. 그동안 세계도 일본도 변화의 격동을 겪어 왔습니다. 특히, 최근 몇 년 동안 일본어와 학습자를 둘러싼 상황은 크게 변화하였습니다.

이와 같은 상황을 배경으로 우리는 외국인을 위한 일본어 교육에 한층 더 공헌할 수 있도록 출판・연수 사업에서의 경험과 학습자 및 교육 현장으로부터 수집된 의견과 질문을 모두 반영하여『みんなの日本語 初級 Ⅰ・Ⅱ』를 재검토하고 부분 개정을 단행하였습니다.

개정의 핵심은 언어 운용력 향상과 시대 흐름에 부적합한 표현과 장면의 변경입니다. 학습자와 교육 현장으로부터의 의견을 존중하고 종전의 '배우기 쉽고 가르치기 쉬운' 교과서의 구성을 지키면서 연습과 문제를 보충하였습니다. 단순히 지시를 따라서 수동적으로 연습을 하는 것이 아니라, 상황을 스스로 파악하고 생각하면서 표현하는 언어 생성 능력의 강화를 목표로 두었습니다. 그리고 이를 위하여 그림 자료를 최대한 다양하게 활용하였습니다.

이에 실제 수업 현장에서 사용한 후의 피드백을 비롯하여 본 교재의 편찬에 필요한 다방면의 의견과 적극적인 협력을 주신 분들께 깊은 감사를 드립니다. 우리는 앞으로도 일본어 학습자에게 필요한 커뮤니케이션뿐만 아니라 사람과 사람의 국제 교류 활동에 공헌할 수 있는 교재를 개발하여 더 많은 분들께 도움을 줄 수 있기를 기대하고 있습니다. 앞으로도 지속적인 성원과 지도 편달을 부탁 드립니다.

2012년 6월

주식회사 3A 네트워크

대표취체역 사장 고바야시 다쿠지 (小林 卓爾)

이 책을 사용하시는 분들께

Ⅰ. 구성

『みんなの日本語 初級Ⅰ 第2版』은 「주교재」(CD 포함), 「번역・문법해설」로 구성된다. 「번역・문법해설」은 영어판을 비롯하여 12개국어로의 출판이 예정되어 있다.

이 교과서는 일본어의 말하기, 듣기, 읽기, 쓰기 4가지 기능을 익히는 것을 목표로 구성되어 있다. 단, 히라가나, 가타카나, 한자 등 문자의 읽기, 쓰기 지도는 「주교재」「번역・문법해설」에 포함되어 있지 않다.

Ⅱ. 내용

1. 本冊

1) 일본어의 발음

일본어 발음에서 주의할 사항을 주요 예시와 함께 제시하였다.

2) 교실에서 사용하는 표현, 매일 사용하는 인사말과 회화 표현, 숫자

교실에서 자주 쓰는 표현, 일상생활에서 사용하는 기본적인 인사말 등을 실었다.

3) 각 과

제1과에서 제25과까지로 구성되어 있으며, 내용은 아래와 같이 분류된다.

① 문형

각 과에서 배우는 기본 문형을 실었다.

② 예문

기본 문형이 실제로 어떻게 사용되는지를 짧은 담화 형태로 제시하였다. 또한 새로 나온 부사, 접속사 등의 사용법과 기본 문형 이외의 학습 항목도 실려 있다.

③ 회화

회화에는 일본에서 생활하는 외국인들이 등장하여 펼쳐지는 다양한 장면을 소개한다. 각 과의 학습 내용 외에 일상생활에서 사용하는 인사말 등 관용 표현을 포함하여 구성하였다. 시간과 여유가 있으면 「번역・문법해설」에 나오는 참고 어휘를 이용하여 회화를 발전시킬 수도 있다.

④ 연습

연습은 A, B, C 3단계로 나뉜다.

연습 A는 문법적인 구조를 쉽게 이해할 수 있도록 레이아웃을 시각적으로 구성하였다. 기본적인 문형을 익힘과 동시에 활용형을 만드는 법, 접속하는 법 등을 쉽게 배울 수 있도록 배려하였다.

연습 B에서는 다양한 형식의 문형 활용 연습(drill)으로 기본 문형을 확실히 익힐 수 있도록 하였다. '➡'가 표시된 항목은 그림을 활용한 연습을 가리킨다.

연습 C는 커뮤니케이션 능력을 기르기 위한 연습이다. 제시된 회화에서 밑줄 친 말을 상황에 맞는 것으로 바꾸어 가면서 회화를 하는데, 선택지를 문자로 보이는 것을 최대한 피함으로써 단순한 대체 연습이 되지 않도록 하였다. 그 결과 같은 그림을 보면서도 학습자마다 다른 회화 예를 만들 수 있도록 자율성을 보장한 연습 항목이 되었다.

또한 연습 B, C 의 정답 예시는 별책에 수록하였다.

⑤ 문제

문제에는 청취 문제, 문법 문제 및 독해 문제가 있다. 청취 문제는 짧은 질문에 대답하는 문제와 짧은 회화를 듣고 요점을 파악하는 문제가 있다. 문법 문제에서는 어휘와 문법 사항에 대한 이해도를 확인한다. 독해 문제는 기출 어휘와 문법 사항을 사용한 평이한 문제를 읽고 그 내용에 관한 여러 형식의 과제(task)를 수행하는 것이다.

⑥ 복습

학습 사항의 요점을 정리하기 위하여 3~5개 과마다 마련하였다.

⑦ 부사, 접속사, 회화 표현의 정리

이 교과서에 제시된 부사, 접속사, 회화 표현을 정리하기 위한 문제를 마련하였다.

4) **동사의 폼(form)**

이 교과서에 제시된 동사의 폼(form)을 정리하여 후속구와 함께 실었다.

5) **학습 항목 일람**

이 교과서에 제시된 학습 항목을 연습 A를 중심으로 정리하였다. 문형, 예문, 연습 B, 연습 C 와의 관련성을 알 수 있도록 구성하였다.

6) **색인**

'교실에서 사용하는 표현', '매일 사용하는 인사말과 회화 표현' 및 각 과의 신출 어휘와 표현 등을 수록하고, 그것이 몇 과에서 처음 등장했는지도 함께 보였다.

7) **별첨 CD**

  本冊에 포함된 CD에는 각 과의 회화, 문제의 청취 부분이 수록되어 있다.

2. 번역, 문법 해설

  1) 일본어의 특징, 일본어의 문자, 일본어의 발음에 대한 설명
  2) '교실에서 사용하는 표현', '매일 사용하는 인사말과 회화 표현'의 번역
  3) 제1과에서 제25과까지의 각 항목
      ① 신출 어휘와 그 번역
      ② 문형, 예문, 회화의 번역
      ③ 각 과의 학습에 도움이 되는 참고 어휘와 일본 문화에 대한 간단한 소개
      ④ 문형 및 표현에 대한 문법 설명
  4) 숫자, 시간의 표현, 기간의 표현, 조수사, 동사 활용 등의 정리

Ⅲ. 학습에 소요되는 시간

1개의 과마다 4~6시간, 교과서 전체는 150시간을 목표로 한다.

Ⅳ. 어휘

일상생활에서의 사용 빈도가 높은 것을 중심으로 약 1,000개 단어를 다루었다.

Ⅴ. 표기

한자 표기는 원칙적으로 「常用漢字表」(1981년 내각 고시)를 따랐다.

  1) 「熟字訓」(2개 이상의 한자로 이루어져 있으면서 읽는 방식이 특이한 단어) 중 「常用漢字表」의 「付表」에 제시된 것은 한자로 표기하였다.

      예: 友達 친구   果物 과일   眼鏡 안경

  2) 국가명, 지명 등의 고유 명사 또는 예능, 문화 등의 전문 분야 어휘의 경우는 「常用漢字表」에 없는 한자와 음독, 훈독도 사용하였다.

      예: 大阪 오사카   奈良 나라   歌舞伎 가부키

  3) 가독성을 고려해서 가나로 표기한 것도 있다.

      예: ある (有る・在る) 있다   たぶん (多分) 아마
           きのう (昨日) 어제

4) 숫자는 원칙적으로 아라비아 숫자를 사용하였다.

예 : 9時(じ) 9시   4月(がつ)1日(ついたち) 4월 1일   1つ(ひと) 하나

Ⅵ. 기타

1) 문장 안에서 생략할 수 있는 어구는 [　　] 안에 넣어 표시하였다.
예 : 父(ちち)は 54 [歳(さい)] です。 아버지는 54[세]입니다.

2) 다른 표현이 가능한 경우에는 (　　) 안에 넣어 표시하였다.
예 : だれ (どなた) 누구 (어느 분)

효과적인 사용법

1. 단어와 표현을 외운다

「번역·문법해설」에 각 과의 새 어휘와 표현의 번역문이 제시되어 있습니다. 새로 나온 단어는 그 단어로 짧은 문장을 만드는 연습을 하면서 외우는 것이 효과적입니다.

2. 문형 연습을 한다

문형의 정확한 뜻을 파악하고, 문형의 형식을 확실히 익힐 때까지 소리 내어 외면서 연습 A, 연습 B를 합시다.

3. 회화 연습을 한다

연습 C는 짧은 회화입니다. 패턴 연습만으로 끝내지 말고, 회화를 이어가면서 이야기를 확장하도록 합시다. 회화에서는 일상생활에서 실제로 만나는 장면을 다루었습니다. CD를 들으면서 실제 동작도 함께 연기해 보면 자연스러운 회화의 리듬을 몸에 익힐 수 있을 것입니다.

4. 확인한다

각 과의 학습 내용을 총정리하기 위한 문제가 마련되어 있습니다. 내용을 정확하게 이해했는지 문제로 확인합시다.

5. 실제로 말해 본다

학습한 일본어를 사용해서 일본 사람에게 말을 걸어 봅시다. 학습한 내용을 바로 사용해 보는 것이 외국어 향상의 지름길입니다.

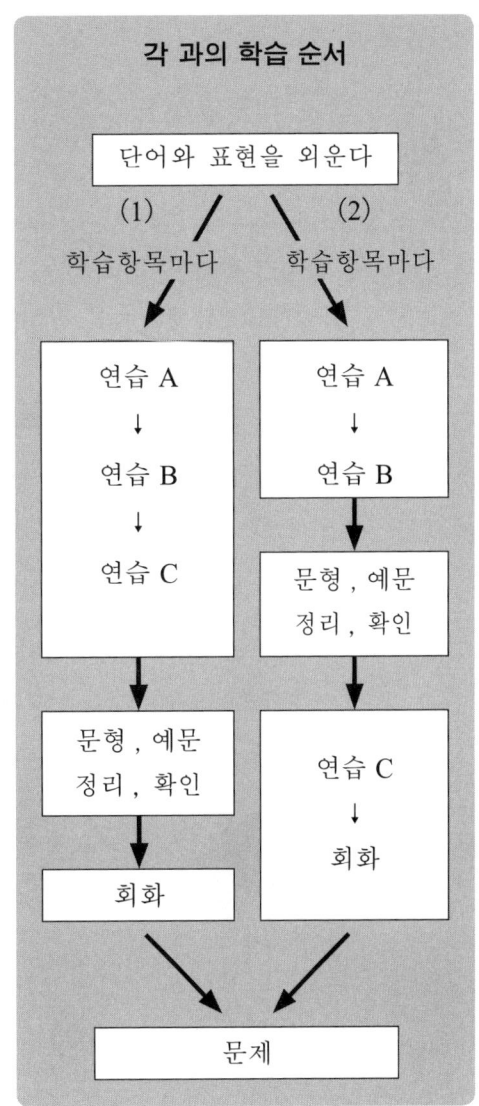

(1) 또는 (2)의 순서로 학습합시다. 학습항목은 권 말의「학습항목일람」을 참조하십시오.

등장인물

마이크 밀러

미국, IMC 사원

사토 게이코

일본, IMC 사원

조제 산토스

브라질, 브라질에어 (Brazil Air) 사원

마리아 산토스

브라질, 주부

카리나

인도네시아, 후지대학교 학생

왕 쉐

중국, 고베병원 의사

야마다 이치로

일본, IMC 사원

야마다 도모코

일본, 은행원

마쓰모토 다다시
일본, IMC 부장

마쓰모토 요시코
일본, 주부

기무라 이즈미
일본, 아나운서

존 와트
영국, 사쿠라대학교 교수

칼 슈미트
독일, 파워전기 기술자

이진주
한국, AKC 연구원

테레자 산토스
브라질, 소학생, 9살
조제 산토스와 마리아의 딸

야마다 다로
일본, 소학생, 8살
야마다 이치로와 도모코의 아들

굽타
인도, IMC 사원

타와폰
타이, 일본어학원 학생

※IMC (컴퓨터 소프트웨어 회사)
※AKC (アジア研究センター : 아시아연구센터)

차례

일본어의 특징 2
일본어의 문자 2

들어가기
 I. 일본어의 발음 3
 II. 교실에서 사용하는 표현 7
 III. 매일 사용하는 인사말과 회화 표현 7

학습 용어 8
일러두기 9

제1과 10
 I. 어휘
 II. 번역
   문형과 예문
   회화
     처음 뵙겠습니다
 III. 참고 어휘와 정보
     나라, 사람, 언어

 IV. 문법 해설
   1. N_1 は N_2 です
   2. N_1 は N_2 じゃ(では) ありません
   3. N_1 は N_2 ですか
   4. N も
   5. N_1 の N_2
   6. ～さん

제2과 16
 I. 어휘
 II. 번역
   문형과 예문
   회화
     앞으로 신세 좀 지겠습니다
 III. 참고 어휘와 정보
     이름

 IV. 문법 해설
   1. これ／それ／あれ
   2. この N／その N／あの N
   3. そうです
   4. ～か、～か
   5. N_1 の N_2
   6. 명사를 대신하는 「の」
   7. お～
   8. そうですか

제3과 ·· 22

- Ⅰ. 어휘
- Ⅱ. 번역
    - 문형과 예문
    - 회화
        - 이것을 주십시오
- Ⅲ. 참고 어휘와 정보
    - 백화점
- Ⅳ. 문법 해설
    1. ここ／そこ／あそこ／こちら／そちら／あちら
    2. Nは 장소です
    3. どこ／どちら
    4. N_1の N_2
    5. こ／そ／あ／ど(지시사)일람표
    6. お～

제4과 ·· 28

- Ⅰ. 어휘
- Ⅱ. 번역
    - 문형과 예문
    - 회화
        - 거기는 몇 시까지입니까?
- Ⅲ. 참고 어휘와 정보
    - 전화, 편지
- Ⅳ. 문법 해설
    1. 今 －時－分です
    2. Vます／Vません／Vました／Vませんでした
    3. N(시간)に V
    4. N_1から N_2まで
    5. N_1と N_2
    6. ～ね

제5과 ·· 34

- Ⅰ. 어휘
- Ⅱ. 번역
    - 문형과 예문
    - 회화
        - 이 전철은 고시엔에 갑니까?
- Ⅲ. 참고 어휘와 정보
    - 경축일
- Ⅳ. 문법 해설
    1. N(장소)へ 行きます／来ます／帰ります
    2. どこ[へ]も 行きません／行きませんでした
    3. N(탈것)で 行きます／来ます／帰ります
    4. N(사람/동물)と V
    5. いつ
    6. ～よ
    7. そうですね

제6과 ……………………………………………………………… 40
- Ⅰ. 어휘
- Ⅱ. 번역
  - 문형과 예문
  - 회화
    - 같이 가지 않겠습니까?
- Ⅲ. 참고 어휘와 정보
  - 음식
- Ⅳ. 문법 해설
  1. Nを V(타동사)
  2. Nを します
  3. 何を しますか
  4. なん 과 なに
  5. N(장소)で V
  6. Vませんか
  7. Vましょう
  8. ～か

제7과 ……………………………………………………………… 46
- Ⅰ. 어휘
- Ⅱ. 번역
  - 문형과 예문
  - 회화
    - 어서 오십시오
- Ⅲ. 참고 어휘와 정보
  - 가족
- Ⅳ. 문법 해설
  1. N(도구/수단)で V
  2. '단어/S'は ～語で 何ですか
  3. N₁(사람)に N₂を あげます 등
  4. N₁(사람)に N₂を もらいます 등
  5. もう Vました
  6. 조사의 생략

제8과 ……………………………………………………………… 52
- Ⅰ. 어휘
- Ⅱ. 번역
  - 문형과 예문
  - 회화
    - 이만 실례하겠습니다
- Ⅲ. 참고 어휘와 정보
  - 색, 맛
- Ⅳ. 문법 해설
  1. 형용사
  2. Nは な-adj[な]です
     Nは い-adj(～い)です
  3. な-adjな N
     い-adj(～い) N
  4. ～が、～
  5. とても／あまり
  6. Nは どうですか
  7. N₁は どんな N₂ですか
  8. そうですね

제9과 58
- Ⅰ. 어휘
- Ⅱ. 번역
  - 문형과 예문
  - 회화
    - 유감스럽지만
- Ⅲ. 참고 어휘와 정보
  - 음악, 스포츠, 영화
- Ⅳ. 문법 해설
  1. Nが あります／わかります
     Nが 好きです／嫌いです／
     上手です／下手です
  2. どんな N
  3. よく／だいたい／たくさん／少し／
     あまり／全然
  4. 〜から、〜
  5. どうして

제10과 64
- Ⅰ. 어휘
- Ⅱ. 번역
  - 문형과 예문
  - 회화
    - 남플라 있습니까?
- Ⅲ. 참고 어휘와 정보
  - 집 안
- Ⅳ. 문법 해설
  1. Nが あります／います
  2. 장소에 Nが あります／います
  3. N은 장소에 あります／います
  4. N₁ (사물／사람／장소)の
     N₂ (위치)
  5. N₁や N₂
  6. アジアストアですか

제11과 70
- Ⅰ. 어휘
- Ⅱ. 번역
  - 문형과 예문
  - 회화
    - 이거 부탁합니다
- Ⅲ. 참고 어휘와 정보
  - 메뉴
- Ⅳ. 문법 해설
  1. 수량을 말하는 법
  2. 수량사 사용법
  3. 수량사(기간)に 一回 V
  4. 수량사だけ／Nだけ

제12과 76
- Ⅰ. 어휘
- Ⅱ. 번역
  - 문형과 예문
  - 회화
    - 기온축제는 어땠습니까?
- Ⅲ. 참고 어휘와 정보
  - 축제와 명승지
- Ⅳ. 문법 해설
  1. 명사문・な형용사문의 시제,
     긍정・부정
  2. い형용사문의 시제, 긍정・부정
  3. N₁は N₂より adjです
  4. N₁と N₂と どちらが adjですか
     ……N₁／N₂の ほうが adjです
  5. N₁[の 中]で 何／どこ／だれ／
     いつ が いちばん adjですか
     ……N₂が いちばん adjです
  6. adjの(명사를 대신하는「の」)

제 13과 ······ 82

- Ⅰ. 어휘
- Ⅱ. 번역
    - 문형과 예문
    - 회화
        - 따로 따로 부탁합니다
- Ⅲ. 참고 어휘와 정보
    - 시가지
- Ⅳ. 문법 해설
    1. Nが 欲しいです
    2. Vます형たいです
    3. V(장소)へ {Vます형 / N} に 行きます／来ます／帰ります
    4. どこか／何か
    5. ご〜

제 14과 ······ 88

- Ⅰ. 어휘
- Ⅱ. 번역
    - 문형과 예문
    - 회화
        - 미도리초까지 부탁합니다
- Ⅲ. 참고 어휘와 정보
    - 역
- Ⅳ. 문법 해설
    1. 동사의 그룹
    2. Vて형
    3. Vて형 ください
    4. Vて형 います
    5. Vます형ましょうか
    6. Nが V
    7. すみませんが

제 15과 ······ 94

- Ⅰ. 어휘
- Ⅱ. 번역
    - 문형과 예문
    - 회화
        - 가족은 어떻게 됩니까?
- Ⅲ. 참고 어휘와 정보
    - 직업
- Ⅳ. 문법 해설
    1. Vて형も いいですか
    2. Vて형は いけません
    3. Vて형 います
    4. Nに V
    5. N_1に N_2を V

제 16과 ······ 100

- Ⅰ. 어휘
- Ⅱ. 번역
    - 문형과 예문
    - 회화
        - 사용법을 가르쳐 주십시오
- Ⅲ. 참고 어휘와 정보
    - 현금 자동 입출금기 사용법
- Ⅳ. 문법 해설
    1. 2개 이상의 문장을 연결하는 법
    2. V_1て형から、V_2
    3. N_1は N_2が adj
    4. Nを V
    5. どうやって
    6. どれ／どの N

제17과 ·· 106

I. 어휘
II. 번역
　문형과 예문
　회화
　　어떻게 오셨습니까?
III. 참고 어휘와 정보
　　몸, 질환

IV. 문법 해설
1. Vない형
2. Vない형ないで ください
3. Vない형なければ なりません
4. Vない형なくても いいです
5. 목적어의 주제화
6. N(시간)までに V

제18과 ·· 112

I. 어휘
II. 번역
　문형과 예문
　회화
　　취미는 무엇입니까?
III. 참고 어휘와 정보
　　동작

IV. 문법 해설
1. 동사 사전형
2. N / V사전형 こと } が できます
3. わたしの 趣味は { N / V사전형 こと } です
4. V₁사전형 / Nの / 수량사(기간) } まえに、V₂
5. なかなか
6. ぜひ

제19과 ·· 118

I. 어휘
II. 번역
　문형과 예문
　회화
　　다이어트는 내일부터 하겠습니다
III. 참고 어휘와 정보
　　전통문화, 오락

IV. 문법 해설
1. Vた형
2. Vた형 ことが あります
3. V₁た형り、V₂た형り します
4. い-adj(～い)→～く / な-adj[な]→～に / Nに } なります

제20과 ·· 124

I. 어휘
II. 번역
　문형과 예문
　회화
　　같이 안 갈래?
III. 참고 어휘와 정보
　　호칭

IV. 문법 해설
1. 정중체과 보통체
2. 정중체과 보통체의 사용 구별법
3. 보통체 회화

제21과 130
Ⅰ. 어휘
Ⅱ. 번역
　　문형과 예문
　　회화
　　　　저도 그렇게 생각합니다
Ⅲ. 참고 어휘와 정보
　　　직무명

Ⅳ. 문법 해설
1. 보통형と思います
2. S
   보통형 } と言います
3. V
   い-adj } 보통형
   な-adj } 보통형
   N   } 〜だ   } でしょう?
4. N₁(장소)でN₂があります
5. N(장면)で
6. NでもV
7. Vない형ないと……

제22과 136
Ⅰ. 어휘
Ⅱ. 번역
　　문형과 예문
　　회화
　　　　어떤 방을 찾으십니까?
Ⅲ. 참고 어휘와 정보
　　　의복

Ⅳ. 문법 해설
1. 명사 수식절
2. V사전형
　時間／約束／用事
3. Vます형ましょうか

제23과 142
Ⅰ. 어휘
Ⅱ. 번역
　　문형과 예문
　　회화
　　　　어떻게 갑니까?
Ⅲ. 참고 어휘와 정보
　　　도로, 교통

Ⅳ. 문법 해설
1. V사전형
　Vない형ない
　い-adj(〜い) } とき、〜(주절)
　な-adjな
　Nの
2. V사전형
　Vた형 } とき、〜(주절)
3. V사전형と、〜(주절)
4. Nが adj
5. N을 이동V

제24과 ·· 148

I. 어휘
II. 번역
   문형과 예문
   회화
     도와주러 갈까요?
III. 참고 어휘와 정보
     선물을 주는 관습

IV. 문법 해설
1. くれます
2. Vて형 { あげます / もらいます / くれます }
3. N_1は N_2が V

제25과 ·· 154

I. 어휘
II. 번역
   문형과 예문
   회화
     여러 가지로 신세 졌습니다
III. 참고 어휘와 정보
     사람의 일생

IV. 문법 해설
1. 보통형 과거ら、~(주절)
2. Vた형ら、~(주절)
3. Vて형
   Vない형なくて
   い-adj(~い)→~くて } も、~(주절)
   な-adj[な]→~で
   Nで
4. もし
5. 종속절 안의 주어

칼럼 1 : 주제와 주어 ·· 160
칼럼 2 : 절 ·· 163

부록

I. 수사 ·· 164
II. 시간의 표현 ·· 165
III. 기간의 표현 ·· 167
IV. 조수사 ·· 168
V. 동사의 활용 ·· 170

일본어의 특징

1. **품사** 일본어 품사에는 동사, 형용사, 명사, 부사, 접속사, 조사 등이 있다.
2. **어순** 술어는 문장 끝에 온다. 수식어는 피수식어 앞에 온다.
3. **술어** 일본어에서 술어가 되는 것은 동사, 형용사, 명사+です(だ)이다.
   술어는 긍정이냐 부정이냐, 또는 과거이냐 비과거이냐에 따라 형태가 바뀐다. 인칭, 성, 수는 술어의 형태에 영향을 주지 않는다.
4. **조사** 단어나 문장 뒤에 조사가 사용된다. 조사는 단어와 단어의 관계를 나타내거나 다양한 의미를 더하는 기능을 한다.
5. **생략** 주어와 목적어는 문맥에서 이해 가능한 경우 자주 생략된다.

일본어의 문자

　일본어의 문자는 히라가나, 가타카나, 한자 3가지가 있다.
　히라가나와 가타카나는 표음 문자이고, 한자는 표의 문자로서 소리는 나타냄과 동시에 의미를 나타낸다.
　일본어는 보통 히라가나, 가타카나, 한자를 섞어서 쓴다. 외국의 인명, 지명이나 외래어는 가타카나로 쓴다. 히라가나는 조사와 동사·형용사 활용 부분을 표기하는 데 사용된다.
　이 외에 외국인의 편의를 위해 로마자가 사용되기도 한다. 그 예는 역 이름의 표기 등에서 볼 수 있다.

　　　田中　さん　は　ミラー　さん　と　デパート　へ　行　きます。
　　　　○　　□　　□　　△　　□　　□　　△　　□　○　□
　　　다나카 씨는 밀러 씨와 백화점에 갑니다.

　　　大阪　Osaka
　　　　○　　☆

　　　(○—한자　□—히라가나　△—가타카나　☆—로마자)

들어가기

Ⅰ. 일본어의 발음

1. 가나와 박(拍)

일본어의 음은 아래와 같이 가나로 표기할 수 있다.

'박(拍)'이란 일본어의 가나 문자 1개(촉음은 문자 2개) 길이에 해당하는 음의 단위이다.

일본어의 모음은 あ(a), い(i), う(u), え(e), お(o) 5개이며, 이들 모음은 단독으로 사용되거나 앞에 자음 또는 자음과 반모음(y)을 동반하여 하나의 음을 구성한다. (예: k+a =か, k+y+a =きゃ)(「ん」은 예외임.) 이와 같은 음은 거의 같은 길이로 발음된다.

	あ단	い단	う단	え단	お단
あ행	あ ア a	い イ i	う ウ u	え エ e	お オ o
か행 k	か カ ka	き キ ki	く ク ku	け ケ ke	こ コ ko
さ행 s	さ サ sa	し シ shi	す ス su	せ セ se	そ ソ so
た행 t	た タ ta	ち チ chi	つ ツ tsu	て テ te	と ト to
な행 n	な ナ na	に ニ ni	ぬ ヌ nu	ね ネ ne	の ノ no
は행 h	は ハ ha	ひ ヒ hi	ふ フ fu	へ ヘ he	ほ ホ ho
ま행 m	ま マ ma	み ミ mi	む ム mu	め メ me	も モ mo
や행 y	や ヤ ya	(い イ) (i)	ゆ ユ yu	(え エ) (e)	よ ヨ yo
ら행 r	ら ラ ra	り リ ri	る ル ru	れ レ re	ろ ロ ro
わ행 w	わ ワ wa	(い イ) (i)	(う ウ) (u)	(え エ) (e)	を ヲ o
	ん ン n				

예:
- あ ア — 히라가나 / 가타카나
- a — 로마자

きゃ キャ kya	きゅ キュ kyu	きょ キョ kyo
しゃ シャ sha	しゅ シュ shu	しょ ショ sho
ちゃ チャ cha	ちゅ チュ chu	ちょ チョ cho
にゃ ニャ nya	にゅ ニュ nyu	にょ ニョ nyo
ひゃ ヒャ hya	ひゅ ヒュ hyu	ひょ ヒョ hyo
みゃ ミャ mya	みゅ ミュ myu	みょ ミョ myo

| りゃ リャ rya | りゅ リュ ryu | りょ リョ ryo |

が행 g	が ガ ga	ぎ ギ gi	ぐ グ gu	げ ゲ ge	ご ゴ go
ざ행 z	ざ ザ za	じ ジ ji	ず ズ zu	ぜ ゼ ze	ぞ ゾ zo
だ행 d	だ ダ da	ぢ ヂ ji	づ ヅ zu	で デ de	ど ド do
ば행 b	ば バ ba	び ビ bi	ぶ ブ bu	べ ベ be	ぼ ボ bo
ぱ행 p	ぱ パ pa	ぴ ピ pi	ぷ プ pu	ぺ ペ pe	ぽ ポ po

| ぎゃ ギャ gya | ぎゅ ギュ gyu | ぎょ ギョ gyo |
| じゃ ジャ ja | じゅ ジュ ju | じょ ジョ jo |

| びゃ ビャ bya | びゅ ビュ byu | びょ ビョ byo |
| ぴゃ ピャ pya | ぴゅ ピュ pyu | ぴょ ピョ pyo |

오른쪽에 제시된 가타카나는 위 표에는 나오지 않는데, 이것들은 원래 일본어에 없는 음으로 외래어를 표기하는 데 사용된다.

	ウィ wi		ウェ we	ウォ wo
			シェ she	
			チェ che	
ツァ tsa	ティ ti	トゥ tu	ツェ tse	ツォ tso
ファ fa	フィ fi		フェ fe	フォ fo
			ジェ je	
	ディ di	ドゥ du		
		デュ dyu		

2. 장모음

일본어의 단모음은 「あ」「い」「う」「え」「お」 5개인데, 이 단모음들을 길게 발음하는 음을 장모음이라고 한다. 단모음이 1박인 데 반하여 장모음은 2박이 된다. 단어의 모음이 단모음인지 장모음인지에 따라서 단어의 의미가 달라진다.

예 : おばさん(아주머니) : おばあさん(할머니)
　　 おじさん(아저씨) : おじいさん(할아버지)
　　 ゆき(눈(雪)) : ゆうき(용기(勇氣))
　　 え(그림) : ええ(네)
　　 とる(집다) : とおる(지나가다)
　　 ここ(여기) : こうこう(고등학교)
　　 へや(방) : へいや(평야)
　　 カード(카드)　タクシー(택시)　スーパー(슈퍼마켓)
　　 エスカレーター(에스컬레이터)　ノート(노트)

[주]

1) 히라가나의 표기

　'あ단', 'い단', 'う단'의 장음　　각각 「あ」「い」「う」을 붙인다.
　'え단'의 장음　　　　　　　　　「い」를 붙인다.
　　(예외 : ええ(네), ねえ(저...), おねえさん(누나, 언니) 등)
　'お단'의 장음　　　　　　　　　「う」를 붙인다.
　　(예외 : おおきい(크다), おおい(많다), とおい(멀다) 등)

2) 가타카나의 표기

　장음 기호 「ー」를 사용한다.

3. 발음 (撥音)

「ん」은 어두에는 오지 않는다. 1박의 길이를 가진 음이다.
「ん」은 뒤에 오는 음의 영향으로 /n//m//ŋ/ 등 발음하기 쉬운 음으로 바뀐다.

① 'た행', 'だ행', 'ら행', 'な행' 음 앞에서는 /n/으로 발음된다.
　예 : はんたい(반대)　うんどう(운동)　せんろ(선로)　みんな(모두)

② 'ば행', 'ぱ행', 'ま행' 음 앞에서는 /m/으로 발음된다.
　예 : しんぶん(신문)　えんぴつ(연필)　うんめい(운명)

③ 'か행', 'が행' 음 앞에서는 /ŋ/으로 발음된다.
　예 : てんき(날씨)　けんがく(견학)

4. 촉음 (促音)

「っ」는 1박의 길이를 가진 음으로, 'か행', 'さ행', 'た행', 'ぱ행' 음 앞에 나타난다. 외래어를 표기하는 경우 'ザ행', 'ダ행'와 같은 음 앞에서도 나타난다.

예 : ぶか (부하) : ぶっか (물가 (物價))
　　かさい (화재) : かっさい (갈채)
　　おと (소리) : おっと (남편)
　　にっき (일기)　ざっし (잡지)　きって (우표)
　　いっぱい (가득)　コップ (컵)　ベッド (침대)

5. 요음 (拗音)

작은 문자 「ゃ」「ゅ」「ょ」를 붙여서 나타내는 음을 요음 (拗音) 이라고 한다. 요음은 문자 2개로 표기하지만 1박이다.

예 : ひやく (비약) : ひゃく (백)
　　じゆう (자유) : じゅう (십)
　　びよういん (미용원) : びょういん (병원)
　　シャツ (셔츠)　おちゃ (녹차)　ぎゅうにゅう (우유)　きょう (오늘)
　　ぶちょう (부장)　りょこう (여행)

6. 'が행'의 발음

'が행' 자음은 어두에서는 [g]인데, 그 외의 경우에는 [ŋ]으로 발음된다. 단 최근에는 [g]와 [ŋ]를 구별하지 않고 모두 [g]로 발음하는 사람도 있다.

7. 모음의 무성화

모음 [i]나 [u]가 무성 자음 사이에 올 때 무성화되어서 들리지 않게 되는 경향이 있다. 또한 「～です」「～ます」끝의 [u]도 무성화되는 경향이 있다.

예 : すき (좋아하다)　したいです (하고 싶습니다)　ききます (듣습니다)

8. 악센트

일본어는 고저 악센트를 가진 언어이다. 한 단어 안에 높게 발음되는 박과 낮게 발음되는 박이 있다. 악센트에는 4가지 유형이 있는데, 유형이 다르면 단어의 뜻도 다르다.

표준 악센트에서는 첫째 박과 둘째 박의 높이가 다르며, 한번 내려가면 다시 올라가지 않는 특징이 있다.

악센트 유형

① 평판형(平板型)(내려가지 않음)

　예 : にわ (뜰)　はな (코)　なまえ (이름)　にほんご (일본어)

② 두고형(頭高型)(어두에서 내려감)

　예 : ほん (책)　てんき (날씨)　らいげつ (다음 달)

③ 중고형(中高型)(어중에서 내려감)

　예 : たまご (알, 달걀)　ひこうき (비행기)　せんせい (선생)

④ 미고형(尾高型)(어미에서 내려감)

　예 : くつ (신발)　はな (꽃)　やすみ (휴일)　おとうと (남동생)

①「はな」(코)와 ④「はな」(꽃)는 유사하지만, 뒤에 조사 が를 붙이면 ①은 「はなが」, ④는 「はなが」로 발음되므로 악센트형은 다르다. 이와 같이 악센트형의 차이가 의미의 차이를 낳는 예로는 다음과 같은 것들도 있다.

　예 : はし (다리) : はし (젓가락)　いち (일) : いち (위치)

또한 악센트는 지방에 따라서 다르다. 예를 들어 오사카 악센트는 표준 악센트와 상당히 다르다. 아래는 그 예이다.

　예 :　도쿄 악센트　　　:　　오사카 악센트
　　　(표준 악센트)

　　　　はな　　:　はな　　(꽃)
　　　　りんご　:　りんご　(사과)
　　　　おんがく : おんがく (음악)

9. 억양

억양에는 ①평판(平板), ②상승, ③하강의 3 유형이 있다. 의문문은 상승조 억양을 띤다. 그 외의 문장은 평판조 억양이 되는 경우가 많은데, 동의나 실망의 마음을 표현할 때는 하강조 억양이 되는 경우가 있다.

　예 : 佐藤(さとう) : あした　友達(ともだち)と　お花見(はなみ)を　します。【→평판】
　　　　　　　　　ミラーさんも　いっしょに　行きませんか。【↗상승】
　　　ミラー : いいですね。【↘하강】
　　　사토 : 내일 친구와 꽃구경을 합니다.
　　　　　　 밀러 씨도 같이 가지 않겠습니까?
　　　밀러 : 좋지요.

II. 교실에서 사용하는 표현

1. 始めましょう。 　　　　　　　　시작합시다.
2. 終わりましょう。 　　　　　　　끝냅시다.
3. 休みましょう。 　　　　　　　　쉽시다.
4. わかりますか。 　　　　　　　　알겠습니까?
　　……はい、わかります。／ 　　……네, 알겠습니다.／
　　　　いいえ、わかりません。 　　　아니요, 모르겠습니다.
5. もう 一度 [お願いします]。 　　한번 더 [부탁합니다].
6. いいです。 　　　　　　　　　　좋습니다.
7. 違います。 　　　　　　　　　　아닙니다./틀렸습니다.
8. 名前 　　　　　　　　　　　　　이름
9. 試験、宿題 　　　　　　　　　　시험, 숙제
10. 質問、答え、例 　　　　　　　 질문, 대답/정답, 예

III. 매일 사용하는 인사말과 회화 표현

1. おはよう ございます。 　　　　안녕하십니까? (아침 인사)
2. こんにちは。 　　　　　　　　　안녕하십니까?
3. こんばんは。 　　　　　　　　　안녕하십니까? (저녁 인사)
4. お休みなさい。 　　　　　　　　안녕히 주무십시오.
5. さようなら。 　　　　　　　　　안녕히 가십시오./안녕히 계십시오.
6. ありがとう ございます。 　　　감사합니다.
7. すみません。 　　　　　　　　　미안합니다.
8. お願いします。 　　　　　　　　부탁합니다.

학습 용어

第一課(だいいっか)	제一과	活用(かつよう)	활용
文型(ぶんけい)	문형	フォーム	폼(form)
例文(れいぶん)	예문	～形(けい)	～형
会話(かいわ)	회화	修飾(しゅうしょく)	수식
練習(れんしゅう)	연습	例外(れいがい)	예외
問題(もんだい)	문제		
答え(こたえ)	정답	名詞(めいし)	명사
読み物(よみもの)	읽을거리	動詞(どうし)	동사
復習(ふくしゅう)	복습	形容詞(けいようし)	형용사
		い形容詞(けいようし)	い형용사
目次(もくじ)	차례	な形容詞(けいようし)	な형용사
		助詞(じょし)	조사
索引(さくいん)	색인	副詞(ふくし)	부사
		接続詞(せつぞくし)	접속사
文法(ぶんぽう)	문법	数詞(すうし)	수사
文(ぶん)	문장	助数詞(じょすうし)	조수사
		疑問詞(ぎもんし)	의문사
単語(語)(たんご(ご))	단어		
句(く)	구	名詞文(めいしぶん)	명사문
節(せつ)	절	動詞文(どうしぶん)	동사문
		形容詞文(けいようしぶん)	형용사문
発音(はつおん)	발음		
母音(ぼいん)	모음	主語(しゅご)	주어
子音(しいん)	자음	述語(じゅつご)	술어
拍(はく)	박	目的語(もくてきご)	목적어
アクセント	악센트	主題(しゅだい)	주제
イントネーション	억양		
		肯定(こうてい)	긍정
[か]行(ぎょう)	[か]행	否定(ひてい)	부정
[い]列(れつ)	[い]단	完了(かんりょう)	완료
		未完了(みかんりょう)	미완료
丁寧体(ていねいたい)	정중체	過去(かこ)	과거
普通体(ふつうたい)	보통체	非過去(ひかこ)	비과거

일러두기

1. 'Ⅰ. 어휘'에서 사용하는 기호 등

① ~에는 단어나 구가 들어간다.

　　예: ~から 来ました。　~에서 왔습니다.

② －에는 숫자가 들어간다.

　　예: －歳　－살, －세

③ 생략할 수 있는 어구는 [　　] 안에 넣어 표시하였다.

　　예: どうぞ よろしく [お願いします]。　아무쪼록 잘 부탁합니다.

④ 다른 표현이 가능한 경우에는 (　　) 안에 넣어 표시하였다.

　　예: だれ(どなた)　누구(어느 분)

⑤ *가 붙은 단어는 그 과에 나오지 않으나 관련어로 제시한 것이다.

⑥ 〈練習C〉(연습 C)는 연습 C에 나오는 표현을 표시한 것이다.

⑦ 〈会話〉(회화)는 회화에 나오는 어휘와 표현을 표시한 것이다.

2. 'Ⅳ. 문법 해설'에서 사용하는 약어

N	명사(名詞)	예: がくせい(학생)　つくえ(책상)
い-adj	い형용사(い形容詞)	예: おいしい(맛있다)　たかい(비싸다, 높다)
な-adj	な형용사(な形容詞)	예: きれい[な](예쁘다, 곱다, 깨끗하다) しずか[な](조용하다)
V	동사(動詞)	예: かきます(씁니다)　たべます(먹습니다)
S	문장(文)	예: これは 本です。(이것은 책입니다.) わたしは あした 東京へ 行きます。 (저는 내일 도쿄에 갑니다.)

제 1 과

I. 어휘

わたし		나, 저
あなた		당신
あの ひと（あの かた）	あの 人（あの 方）	저 사람 (저분)(「あの かた」는 「あの ひと」의 정중한 말투)
～さん		～씨 (정중하게 부르기 위하여 이름 뒤에 붙이는 접미사)
～ちゃん		(「～さん」 대신 아이 이름 뒤에 붙이는 접미사)
～じん	～人	～인 (국적을 나타내는 접미사. 예: アメリカじん 미국인)
せんせい	先生	선생님 (자신의 직업을 말할 때는 사용하지 않음)
きょうし	教師	교사
がくせい	学生	학생
かいしゃいん	会社員	회사원
しゃいん	社員	사원 (회사명과 함께 사용함. 예: IMCの しゃいん IMC 사원)
ぎんこういん	銀行員	은행원
いしゃ	医者	의사
けんきゅうしゃ	研究者	연구자
だいがく	大学	대학, 대학교
びょういん	病院	병원
だれ（どなた）		누구 (어느 분)(「どなた」는 「だれ」의 정중한 말투)
－さい	－歳	－살, －세
なんさい（おいくつ）	何歳	몇 살 (「おいくつ」는 「なんさい」의 정중한 말투)
はい		예, 네
いいえ		아니요

〈練習C〉
初めまして。   처음 뵙겠습니다. (자기소개를 할 때 처음에 하는 말)

～から 来ました。   ～에서 왔습니다.
[どうぞ] よろしく [お願いします]。   [아무쪼록] 잘 부탁합니다. (자기소개를 할 때 마지막에 하는 말)

失礼ですが   실례지만 (상대의 이름, 주소 등 개인적인 내용을 물어볼 때 사용함)

お名前は?   성함은?
こちらは ～さんです。   이쪽은 ～ 씨입니다.

アメリカ   미국
イギリス   영국
インド   인도
インドネシア   인도네시아
韓国   한국
タイ   타이
中国   중국
ドイツ   독일
日本   일본
ブラジル   브라질

IMC／パワー電気／ブラジルエアー   실제로 존재하지 않는 회사
AKC   실제로 존재하지 않는 기관
神戸病院   실제로 존재하지 않는 병원
さくら大学／富士大学   실제로 존재하지 않는 대학

II. 번역

문형
1. 저는 마이크 밀러입니다.
2. 산토스 씨는 학생이 아닙니다.
3. 밀러 씨는 회사원입니까?
4. 산토스 씨도 회사원입니다.

예문
1. [당신은] 마이크 밀러 씨입니까?
   ……네, [저는] 마이크 밀러입니다.
2. 밀러 씨는 학생입니까?
   ……아니요, [저는] 학생이 아닙니다.
3. 왕 선생님은 은행원입니까?
   ……아니요, [왕 선생님은] 은행원이 아닙니다.
      의사입니다.
4. 저 분은 누구십니까?
   ……와트 씨입니다. 사쿠라대학교의 선생님입니다.
5. 굽타 씨는 회사원입니까?
   ……네, 회사원입니다.
   카리나 씨도 회사원입니까?
   ……아니요. [카리나 씨는] 학생입니다.
6. 테레자는 몇 살입니까?
   ……9살입니다.

회화

처음 뵙겠습니다

사토 :   안녕하십니까?
야마다 : 안녕하십니까?
         사토 씨, 이쪽은 마이크 밀러 씨입니다.
밀러 :   처음 뵙겠습니다.
         마이크 밀러입니다.
         미국에서 왔습니다.
         잘 부탁합니다.
사토 :   사토 게이코입니다.
         잘 부탁합니다.

III. 참고 어휘와 정보

国(くに)・人(ひと)・ことば　나라, 사람, 언어

国(くに)　나라	人(ひと)　사람	ことば　말, 언어
アメリカ (미국)	アメリカ人(じん)	英語(えいご) (영어)
イギリス (영국)	イギリス人(じん)	英語(えいご) (영어)
イタリア (이탈리아)	イタリア人(じん)	イタリア語(ご) (이탈리아어)
イラン (이란)	イラン人(じん)	ペルシア語(ご) (페르시아어)
インド (인도)	インド人(じん)	ヒンディー語(ご) (힌디어)
インドネシア (인도네시아)	インドネシア人(じん)	インドネシア語(ご) (인도네시아어)
エジプト (이집트)	エジプト人(じん)	アラビア語(ご) (아랍어)
オーストラリア (호주)	オーストラリア人(じん)	英語(えいご) (영어)
カナダ (캐나다)	カナダ人(じん)	英語(えいご) (영어) フランス語(ご) (프랑스어)
韓国(かんこく) (한국)	韓国人(かんこくじん)	韓国語(かんこくご) (한국어)
サウジアラビア (사우디아라비아)	サウジアラビア人(じん)	アラビア語(ご) (아랍어)
シンガポール (싱가포르)	シンガポール人(じん)	英語(えいご) (영어)
スペイン (스페인)	スペイン人(じん)	スペイン語(ご) (스페인어)
タイ (타이)	タイ人(じん)	タイ語(ご) (타이어)
中国(ちゅうごく) (중국)	中国人(ちゅうごくじん)	中国語(ちゅうごくご) (중국어)
ドイツ (독일)	ドイツ人(じん)	ドイツ語(ご) (독일어)
日本(にほん) (일본)	日本人(にほんじん)	日本語(にほんご) (일본어)
フランス (프랑스)	フランス人(じん)	フランス語(ご) (프랑스어)
フィリピン (필리핀)	フィリピン人(じん)	フィリピノ語(ご) (필리핀어)
ブラジル (브라질)	ブラジル人(じん)	ポルトガル語(ご) (포르투갈어)
ベトナム (베트남)	ベトナム人(じん)	ベトナム語(ご) (베트남어)
マレーシア (말레이시아)	マレーシア人(じん)	マレーシア語(ご) (말레이시아어)
メキシコ (멕시코)	メキシコ人(じん)	スペイン語(ご) (스페인어)
ロシア (러시아)	ロシア人(じん)	ロシア語(ご) (러시아어)

IV. 문법 해설

1. $\boxed{N_1 は N_2 です}$

1) 조사 「は」

조사 「は」는 그 앞의 명사 (N_1) 가 문장의 주제 (칼럼 1 "주제와 주어" 를 참조) 임을 나타낸다. 화자는 말하고 싶은 주제에 「は」를 붙이고 그 뒤에 여러 내용을 서술하는 형태로 문장을 만든다.

① わたしは マイク・ミラーです。　　　　　저는 마이크 밀러입니다.

[주] 조사 「は」는 「わ」로 발음한다.

2) 「です」

명사는 「です」가 붙어서 술어가 된다. 「です」는 판단, 단정의 뜻을 나타냄과 동시에 청자에 대한 정중한 태도를 나타낸다. 「です」는 부정문 (2 참조) 이나 과거 시제 (제 12 과 참조) 인 경우에 형태가 바뀐다.

② わたしは 会社員です。　　　　　　저는 회사원입니다.

2. $\boxed{N_1 は N_2 じゃ(では) ありません}$

「じゃ(では) ありません」 은 「です」의 부정형이다. 일상 회화에서는 「じゃ ありません」이 자주 사용된다. 공식적인 장소에서 하는 연설이나 문장어에서는 「では ありません」을 사용한다.

③ サントスさんは 学生じゃ ありません。　　산토스 씨는 학생이 아닙니다.
　　　　　　　　　　(では)

[주] 「では」의 「は」는 「わ」로 발음한다.

3. $\boxed{N_1 は N_2 ですか}$ （의문문）

1) 조사 「か」

조사 「か」는 화자가 불확실하거나 의문스럽게 여기는 태도를 나타낸다. 「か」를 문말에 붙임으로써 의문문을 만들 수 있다. 의문문은 보통 문말에 상승조 억양을 동반한다.

2) 문장 내용이 맞는지 묻는 의문문

어순을 바꾸지 않고 문말에 「か」를 붙여서 만든다. 이 의문문은 문장 내용이 맞는지 묻는 것으로, 맞는 경우에는 「はい」, 틀린 경우에는 「いいえ」를 붙여서 대답한다.

④ ミラーさんは アメリカ人ですか。　　　밀러 씨는 미국 사람입니까 ?
　……はい、アメリカ人です。　　　　　……네, 미국 사람입니다.

⑤ ミラーさんは 先生ですか。　　　　　밀러 씨는 선생님입니까 ?
　……いいえ、先生じゃ ありません。　　……아니요, 선생님이 아닙니다.

3) 의문사가 있는 의문문
문고 싶은 내용에 해당되는 부분을 의문사로 바꾸고 문말에 「か」를 붙인다. 어순은 바뀌지 않는다.

⑥ あの 方は どなたですか。　　　　　저분은 누구십니까?
　……[あの 方は] ミラーさんです。　……[저분은] 밀러 씨입니다.

4. N も

「も」는 그 외에 비슷한 사실이 있음을 전제로 말할 때 사용한다.

⑦ ミラーさんは 会社員です。グプタさんも 会社員です。
　 밀러 씨는 회사원입니다. 굽타 씨도 회사원입니다.

5. N₁ の N₂

앞의 N_1이 뒤의 N_2를 수식할 경우, 두 명사를 「の」로 연결한다. 이 과에서는 N_1이 N_2의 소속을 나타내는 용법을 배운다.

⑧ ミラーさんは IMCの 社員です。　　밀러 씨는 IMC 사원입니다.

6. ～さん

일본어에서는 청자나 제삼자의 성이나 이름 뒤에 「さん」을 붙인다. 「さん」은 정중함을 나타내는 말로, 화자 자신의 성이나 이름에는 붙이지 않는다. 어린아이의 이름에는 「さん」대신에 친근감을 나타내는 「ちゃん」을 붙인다.

⑨ あの 方は ミラーさんです。　　　　저분은 밀러 씨입니다.

청자를 부를 때 이름을 알고 있으면 「あなた」는 사용하지 않고 성이나 이름에 「さん」을 붙여서 부른다.

⑩ 鈴木：ミラーさんは 学生ですか。　　스즈키 : 밀러 씨는 학생입니까?
　 ミラー：いいえ、会社員です。　　　 밀러 : 아니요, 회사원입니다.

[주] 「あなた」는 매우 친한 관계(부부, 애인 등)일 때 사용한다. 그렇지 않은 경우에 사용하면 상대에게 무례한 인상을 줄 수 있으므로 주의해야 한다.

제 2 과

I. 어휘

これ		이것 (화자 가까이에 있는 사물)
それ		그것 (청자 가까이에 있는 사물)
あれ		저것 (화자와 청자 모두에게서 떨어져 있는 사물)
この ～		이～
その ～*		그～
あの ～*		저～
ほん	本	책
じしょ	辞書	사전
ざっし	雑誌	잡지
しんぶん	新聞	신문
ノート		노트
てちょう	手帳	수첩
めいし	名刺	명함
カード		카드
えんぴつ	鉛筆	연필
ボールペン		볼펜
シャープペンシル		샤프펜슬
かぎ		열쇠
とけい	時計	시계
かさ	傘	우산
かばん		가방
CD		CD
テレビ		텔레비전
ラジオ		라디오
カメラ		카메라
コンピューター		컴퓨터
くるま	車	차, 자동차
つくえ	机	책상
いす		의자

チョコレート		초콜릿
コーヒー		커피
[お]みやげ	[お]土産	토산품, 기념품, 선물
えいご	英語	영어
にほんご	日本語	일본어
〜ご	〜語	〜어
なん	何	무엇
そう		그렇다

〈練習C〉

あのう	저 (겸손하거나 주저하는 태도로 상대에게 말을 걸 때 사용함)
えっ	엣 (뜻밖의 말을 들었을 때 내는 소리)
どうぞ。	자. (무언가를 권할 때 사용함)
[どうも]ありがとう[ございます]。	[정말] 감사합니다.
そうですか。	그렇습니까?
違います。	아닙니다.
あ	앗 (무언가를 깨달았을 때 내는 소리)

〈会話〉

これから お世話に なります。	앞으로 신세 좀 지겠습니다.
こちらこそ [どうぞ] よろしく [お願いします]。	저야말로 [아무쪼록] 잘 부탁합니다. ([どうぞ] よろしく [おねがいします] 에 대한 대답)

II. 번역

문형
1. 이것은 사전입니다.
2. 그것은 제 우산입니다.
3. 이 책은 제 것입니다.

예문
1. 이것은 볼펜입니까?
   ······네, 그렇습니다.
2. 그것은 노트입니까?
   ······아니요. [이것은] 수첩입니다.
3. 그것은 무엇입니까?
   ······명함입니다.
4. 이것은 '9'입니까, '7'입니까?
   ······'9'입니다.
5. 그것은 무슨 잡지입니까?
   ······컴퓨터 잡지입니다.
6. 저것은 누구 가방입니까?
   ······사토 씨 가방입니다.
7. 이것은 밀러 씨 것입니까?
   ······아니요, 제 것은 아닙니다.
8. 이 열쇠는 누구 것입니까?
   ······제 것입니다.

회화

앞으로 신세 좀 지겠습니다

야마다 이치로 : 네. 누구십니까?
산토스 : 408호실의 산토스입니다.
·····································

산토스 : 안녕하십니까? 산토스입니다.
앞으로 신세 좀 지겠습니다.
잘 부탁합니다.
야마다 이치로 : 저야말로 잘 부탁합니다.
산토스 : 저, 이거 커피입니다. 받으십시오.
야마다 이치로 : 대단히 감사합니다.

III. 참고 어휘와 정보

名前(なまえ)　　이름

일본인에게 많은 성씨

1	佐藤(さとう)	2	鈴木(すずき)	3	高橋(たかはし)	4	田中(たなか)
5	渡辺(わたなべ)	6	伊藤(いとう)	7	山本(やまもと)	8	中村(なかむら)
9	小林(こばやし)	10	加藤(かとう)	11	吉田(よしだ)	12	山田(やまだ)
13	佐々木(ささき)	14	斎藤(さいとう)	15	山口(やまぐち)	16	松本(まつもと)
17	井上(いのうえ)	18	木村(きむら)	19	林(はやし)	20	清水(しみず)

城岡啓二、村山忠重「日本の姓の全国順位データベース」より。 2011年8月公開
시로오카 게이지, 무라야마 다다시케 '일본의 성씨 전국 순위 데이터베이스'에서. 2011년 8월 공개

인사

初(はじ)めまして。

⇦ 업무상 처음 만난 상대와 명함을 교환한다.

どうぞ よろしく
お願(ねが)いします。

이사를 가면 이웃집에 타월, 비누, 과자 ⇨
등을 가지고 인사하러 가는 것이 좋다.

IV. 문법 해설

1. これ／それ／あれ

「これ」「それ」「あれ」는 사물을 가리키는 말로 명사로서 작용한다.
「これ」는 화자 가까이에 있는 사물을 가리킬 때 사용한다.
「それ」는 청자 가까이에 있는 사물을 가리킬 때 사용한다.
「あれ」는 화자와 청자 모두에게서 떨어져 있는 사물을 가리킬 때 사용한다.

① それは 辞書ですか。　　　　　그것은 사전입니까?
② これは だれの 傘ですか。　　　이것은 누구 우산입니까?

2. このN／そのN／あのN

명사를 수식할 때는 「この」「その」「あの」를 사용한다.

③ この 本は わたしのです。　　　이 책은 제 것입니다.
④ あの 方は どなたですか。　　　저분은 누구십니까?

これ この かばん	それ その かばん	あれ あの かばん

3. そうです

명사문에서는 긍정·부정을 묻는 질문에 대한 긍정의 대답으로 「そう」를 사용해서 「はい、そうです」라고 대답할 수 있다.

⑤ それは 辞書ですか。　　　　　그것은 사전입니까?
　……はい、そうです。　　　　　……네, 그렇습니다.

부정의 대답을 할 경우는 「そう」를 사용하는 것은 일반적이지 않으며, 그 대신 「ちがいます」(아닙니다)를 사용하거나 대답의 내용을 바로 말하는 일이 많다.

⑥ それは ミラーさんのですか。　　그것은 밀러 씨 것입니까?
　……いいえ、違います。　　　　……아니요, 밀러 씨 것이 아닙니다.
⑦ それは シャープペンシルですか。　그것은 샤프펜슬입니까?
　……いいえ、ボールペンです。　　……아니요, 볼펜입니다.

4. ~か、~か

2개 이상의 의문문을 열거해서 맞는 것을 고르게 하는 의문문이다. 대답에는 「はい」「いいえ」를 붙이지 않고 선택한 문장을 바로 말한다.

⑧ これは「9」ですか、「7」ですか。 이것은 '9'입니까 '7'입니까?
……「9」です。 ……'9'입니다.

5. N₁ の N₂

N₁이 N₂를 수식할 때 N₁과 N₂ 사이에 「の」를 사용하는 것은 제1과에서 학습했다. 이 과에서는 「の」의 아래와 같은 용법을 학습한다.

1) N₁이 N₂가 무엇에 관한 것인지를 설명한다.

⑨ これは コンピューターの 本です。 이것은 컴퓨터 책입니다.

2) N₁이 N₂의 소유자임을 나타낸다.

⑩ これは わたしの 本です。 이것은 제 책입니다.

6. 명사를 대신하는 「の」

이 「の」는 앞에 나온 명사(⑪에서는 「かばん」) 대신에 사용된다. ⑪처럼 「の」가 명사(さとうさん) 뒤에 오면 「N₁ の N₂」(さとうさんの かばん)의 N₂를 생략한 것과 같은 형태가 된다. 「の」는 사물명사 대신에 사용되며, 사람명사 대신에 사용되지는 않는다.

⑪ あれは だれの かばんですか。 저것은 누구 가방입니까?
……佐藤さんのです。 ……사토 씨 것입니다.

⑫ この かばんは あなたのですか。 이 가방은 당신 것입니까?
……いいえ、わたしのじゃ ありません。 ……아니요, 제 것이 아닙니다.

⑬ ミラーさんは IMCの 社員ですか。 밀러 씨는 IMC 사원입니까?
……はい、IMCの 社員です。 ……네, IMC 사원입니다.
× はい、IMCのです。

7. お~

「お」는 명사에 붙어서 정중함을 나타내는 역할을 한다. (예:「[お]みやげ」「[お]さけ」).

8. そうですか

새 정보를 얻었을 때 그것을 알았음을 나타내기 위해서 이 표현을 사용한다. 하강조 억양으로 발음한다.

⑭ この 傘は あなたのですか。 이 우산은 당신 것입니까?
……いいえ、違います。シュミットさんのです。
……아니요, 그렇지 않습니다. 슈미트 씨 것입니다.
そうですか。 그렇습니까?

제 3 과

I. 어휘

ここ		여기
そこ		거기
あそこ		저기
どこ		어디
こちら		여기, 이쪽 (「ここ」의 정중한 말투)
そちら		거기, 그쪽 (「そこ」의 정중한 말투)
あちら		저기, 저쪽 (「あそこ」의 정중한 말투)
どちら		어디, 어느 쪽 (「どこ」의 정중한 말투)
きょうしつ	教室	교실
しょくどう	食堂	식당
じむしょ	事務所	사무소, 사무실
かいぎしつ	会議室	회의실
うけつけ	受付	접수
ロビー		로비
へや	部屋	방
トイレ (おてあらい)	(お手洗い)	화장실
かいだん	階段	계단
エレベーター		엘리베이터
エスカレーター		에스컬레이터
じどうはんばいき	自動販売機	자동판매기
でんわ	電話	전화
[お]くに	[お]国	나라, 출신국
かいしゃ	会社	회사
うち		집
くつ	靴	신발, 구두
ネクタイ		넥타이
ワイン		와인

うりば	売り場	매장
ちか	地下	지하
－かい（－がい）	－階	－층
なんがい*	何階	몇 층
－えん	－円	－엔
いくら		얼마
ひゃく	百	백
せん	千	천
まん	万	만

〈練習C〉

すみません。	저기요./ 실례합니다./ 여보세요.
どうも。	감사합니다.

〈会話〉

いらっしゃいませ。	어서 오십시오. (가게에 들어온 손님에게 하는 인사말)
[～を] 見せて ください。	[～를] 보여 주십시오.
じゃ	그럼
[～を] ください。	[～를] 주십시오.

イタリア	이탈리아
スイス	스위스
フランス	프랑스
ジャカルタ	자카르타
バンコク	방콕
ベルリン	베를린
新大阪	오사카에 있는 역 이름

II. 번역

문형

1. 여기는 식당입니다.
2. 엘리베이터는 저기입니다.

예문

1. 여기는 신오사카입니까?
   ……네, 그렇습니다.
2. 화장실은 어디입니까?
   ……저기입니다.
3. 야마다 씨는 어디 있습니까?
   ……회의실에 있습니다.
4. 사무실은 어디입니까?
   ……저기입니다.
5. 출신국은 어디입니까?
   ……미국입니다.
6. 그것은 어디 신발입니까?
   ……이탈리아 신발입니다.
7. 이 시계는 얼마입니까?
   ……18,600 엔입니다.

회화

이것을 주십시오

점원 A :	어서 오십시오.
마리아 :	저기요… 와인 매장은 어디입니까?
점원 A :	지하 1층입니다.
마리아 :	감사합니다.

………………………………

마리아 :	저기요… 그 와인을 보여 주십시오.
점원 B :	네, 여기 있습니다.
마리아 :	이것은 어디 와인입니까?
점원 B :	일본 것입니다.
마리아 :	얼마입니까?
점원 B :	2,500 엔입니다.
마리아 :	그럼 이것을 주십시오.

III. 참고 어휘와 정보

デパート　　백화점

屋上(おくじょう)	遊園地(ゆうえんち)	놀이공원
8階(かい)	レストラン・催(もよお)し物会場(ものかいじょう)	레스토랑, 행사장
7階(かい)	時計(とけい)・眼鏡(めがね)	시계, 안경
6階(かい)	スポーツ用品(ようひん)・旅行用品(りょこうようひん)	스포츠 용품, 여행 용품
5階(かい)	子(こ)ども服(ふく)・おもちゃ・本(ほん)・文房具(ぶんぼうぐ)	아동복, 장난감, 책, 문구
4階(かい)	家具(かぐ)・食器(しょっき)・電化製品(でんかせいひん)	가구, 식기, 가전 제품
3階(がい)	紳士服(しんしふく)	신사복
2階(かい)	婦人服(ふじんふく)	숙녀복
1階(かい)	靴(くつ)・かばん・アクセサリー・化粧品(けしょうひん)	구두, 가방, 액세서리, 화장품
地下1階(ちかかい)	食品(しょくひん)	식품
地下2階(ちかかい)	駐車場(ちゅうしゃじょう)	주차장

IV. 문법 해설

1. ここ／そこ／あそこ／こちら／そちら／あちら

「ここ」「そこ」「あそこ」는 장소를 가리킨다.「ここ」는 화자가 있는 장소,「そこ」는 청자가 있는 장소,「あそこ」는 모두에게서 떨어져 있는 장소를 나타낸다.

「こちら」「そちら」「あちら」는 방향을 가리키는데,「ここ」「そこ」「あそこ」대신에 장소를 가리킬 때도 사용된다. 이 경우 더 정중한 태도가 담긴 표현이다.

[주] 화자가 청자를 자기 영역에 있다고 간주하면 두 사람이 있는 장소를「ここ」, 조금 떨어져 있는 장소를「そこ」, 먼 장소를「あそこ」라고 말한다.

2. N は 장소です

이 문형을 사용해서 물건, 장소, 사람 등이 있는 장소를 말할 수 있다.

① お手洗いは あそこです。　　화장실은 저기입니다.
② 電話は 2階です。　　　　　 전화는 2층에 있습니다.
③ 山田さんは 事務所です。　　야마다 씨는 사무실에 있습니다.

3. どこ／どちら

「どこ」는 장소,「どちら」는 방향을 묻는 의문사이다. 장소를 물을 때「どちら」를 사용하는 일도 있다. 이 경우「どこ」를 사용하는 것보다 정중한 말투가 된다.

④ お手洗いは どこですか。　　　　화장실은 어디입니까?
　……あそこです。　　　　　　　　……저기입니다.
⑤ エレベーターは どちらですか。　엘리베이터는 어디입니까?
　……あちらです。　　　　　　　　……저기입니다.

또한 나라, 회사, 학교 등 소속하는 장소나 조직명을 물을 경우에 의문사는 「なん」가 아니라 「どこ」「どちら」를 사용한다. 「どこ」보다 「どちら」를 사용하는 것이 더 정중하다.

⑥ 学校は どこですか。　　　　　　　　　학교는 어디입니까?
⑦ 会社は どちらですか。　　　　　　　 회사는 어디입니까?

4. N_1 の N_2

N_1이 국가명이고 N_2가 제품명인 경우, 「N_1 の」는 '그 나라에서 제조된'이라는 뜻이 된다. N_1이 회사명이고 N_2가 제품명인 경우 「N_1 の」는 '그 회사에서 제조된'이라는 뜻이 된다. 어느 경우에도 질문에는 의문사 「どこ」를 사용한다.

⑧ これは どこの コンピューターですか。　　이것은 어디 컴퓨터입니까?
　……日本の コンピューターです。　　　　……일본 컴퓨터입니다.
　……パワー電気の コンピューターです。　……파워전기의 컴퓨터입니다.

5. こ/そ/あ/ど (지시사) 일람표

	こ계열	そ계열	あ계열	ど계열
사물	これ	それ	あれ	どれ (제16과 참조)
사물, 사람	この N	その N	あの N	どの N (제16과 참조)
장소	ここ	そこ	あそこ	どこ
방향, 장소 (정중함)	こちら	そちら	あちら	どちら

6. お～

청자나 제삼자에 관한 사물에 붙는 접두사 「お」는 화자의 경의를 나타낸다.

⑨ [お]国は どちらですか。　　　　　　　출신국은 어딥니까?

제 4 과

I. 어휘

おきます	起きます	일어납니다, 깹니다
ねます	寝ます	잡니다
はたらきます	働きます	일합니다
やすみます	休みます	쉽니다
べんきょうします	勉強します	공부합니다
おわります	終わります	끝납니다
デパート		백화점
ぎんこう	銀行	은행
ゆうびんきょく	郵便局	우체국
としょかん	図書館	도서관
びじゅつかん	美術館	미술관
いま	今	지금
ーじ	ー時	ー시
ーふん（ーぷん）	ー分	ー분
はん	半	반
なんじ	何時	몇 시
なんぷん*	何分	몇 분
ごぜん	午前	오전
ごご	午後	오후
あさ	朝	아침
ひる	昼	낮
ばん（よる）	晩（夜）	저녁, 밤
おととい		그저께
きのう		어제
きょう		오늘
あした		내일
あさって		모레
けさ		오늘 아침
こんばん	今晩	오늘 저녁, 오늘 밤
やすみ	休み	휴일, 휴가, 방학
ひるやすみ	昼休み	점심 시간

しけん	試験	시험
かいぎ	会議	회의 (〜を します：회의를 합니다)
えいが	映画	영화
まいあさ	毎朝	매일 아침
まいばん	毎晩	매일 저녁, 매일 밤
まいにち	毎日	매일
げつようび	月曜日	월요일
かようび	火曜日	화요일
すいようび	水曜日	수요일
もくようび	木曜日	목요일
きんようび	金曜日	금요일
どようび	土曜日	토요일
にちようび	日曜日	일요일
なんようび	何曜日	무슨 요일
〜から		〜에서, 〜부터
〜まで		〜까지
〜と 〜		〜과 〜 (명사를 연결할 때 사용함)

〈練習C〉
大変ですね。　　　　　　　　　　힘들겠네요. (동정심을 나타낼 때 사용함)

〈会話〉
番号	번호
何番	몇 번
そちら	그쪽, 거기

....

ニューヨーク	뉴욕
ペキン	베이징 (北京)
ロサンゼルス	로스앤젤레스
ロンドン	런던
あすか	실제로 존재하지 않는 일본음식점
アップル銀行	실제로 존재하지 않는 은행
みどり図書館	실제로 존재하지 않는 도서관
やまと美術館	실제로 존재하지 않는 미술관

II. 번역

문형

1. 지금 4시 5분입니다.
2. 저는 매일 아침 6시에 일어납니다.
3. 저는 어제 공부했습니다.

예문

1. 지금 몇 시입니까?
   ……2시 10분입니다.
   뉴욕은 지금 몇 시입니까?
   ……오전 0시 10분입니다.
2. 휴일은 무슨 요일입니까?
   ……토요일과 일요일입니다.
3. 애플은행은 몇 시부터 몇 시까지입니까?
   ……9시부터 3시까지입니다.
4. 매일 밤 몇 시에 잡니까?
   ……11시에 잡니다.
5. 매일 몇 시부터 몇 시까지 공부합니까?
   ……아침 9시부터 오후 3시까지 공부합니다.
6. 토요일에 일합니까?
   ……아니요, 일하지 않습니다.
7. 어제 공부했습니까?
   ……아니요, 공부하지 않았습니다.

회화

거기는 몇 시까지입니까?

밀러: 저기요…'아스카' 전화번호는 몇 번입니까?
사토: '아스카'요? 5275의 2725입니다.
밀러: 대단히 감사합니다.
      ……………………………………
가게 사람: 네, '아스카'입니다.
밀러: 실례지만, 거기는 몇 시까지입니까?
가게 사람: 10시까지입니다.
밀러: 휴무일은 무슨 요일입니까?
가게 사람: 일요일입니다.
밀러: 그렇습니까? 감사합니다.

III. 참고 어휘와 정보

電話・手紙　　전화, 편지
でんわ　てがみ

공중전화 거는 법

① 수화기를 든다
② 동전이나 카드를 넣는다
③ 번호를 누른다*
④ 수화기를 놓는다
⑤ 카드나 거스름돈 동전을 받는다

공중전화는 카드 또는 10 엔짜리, 100 엔짜리 동전밖에 사용할 수 없다. 100 엔짜리 동전을 넣으면 거스름돈은 나오지 않는다.
*시작 버튼이 있는 전화기를 사용할 때는 ③ 다음에 시작 버튼을 누른다.

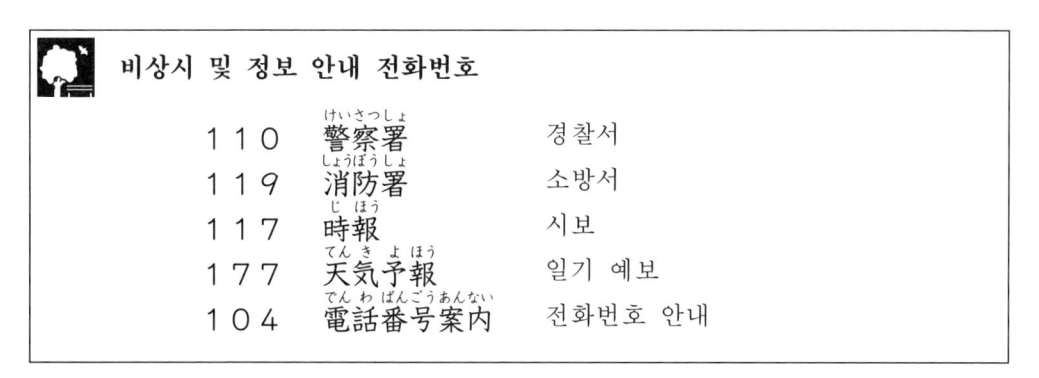

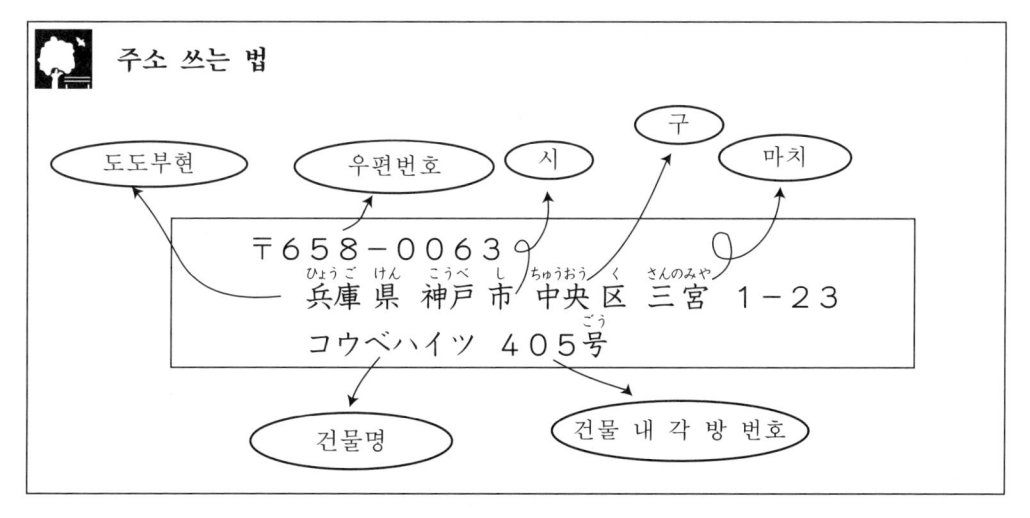

비상시 및 정보 안내 전화번호

110	警察署 (けいさつしょ)	경찰서
119	消防署 (しょうぼうしょ)	소방서
117	時報 (じほう)	시보
177	天気予報 (てんきよほう)	일기 예보
104	電話番号案内 (でんわばんごうあんない)	전화번호 안내

주소 쓰는 법

〒658-0063
兵庫県 神戸市 中央区 三宮 1-23
ひょうご けん　こうべ し　ちゅうおう く　さんのみや
コウベハイツ 405号
ごう

- 도도부현
- 우편번호
- 시
- 구
- 마치
- 건물명
- 건물 내 각 방 번호

IV. 문법 해설

1. 今 －時－分です

시각을 나타낼 때는 수사 뒤에 조수사 「時」「分」을 붙인다.
「分」은 앞에 수사 2, 5, 7, 9가 오면 「ふん」, 1, 3, 4, 6, 8, 10이 오면 「ぷん」이라고 읽는다. 「ぷん」 앞의 1、6、8、10은 각각 「いっ」「ろっ」「はっ」「じゅっ(じっ)」이라고 읽는다. (이 책의 부록 참조)
시각을 물을 때는 「なん」을 「じ」「ぷん」 앞에 붙인다.

① 今 何時ですか。　　　　　　　지금 몇 시입니까?
　……7時10分です。　　　　　……7시 10분입니다.

2. Vます／Vません／Vました／Vませんでした

1) 「Vます」는 문장의 술어가 된다. 「ます」는 청자에 대한 화자의 정중한 태도를 나타낸다.

② わたしは 毎日 勉強します。　저는 매일 공부합니다.

2) 「Vます」는 현재의 습관, 진리나 미래의 행동, 사건을 말할 때 사용한다. 부정문이나 과거 시제인 경우 다음과 같이 변화한다.

	비과거(현재, 미래)	과거
긍정	おきます	おきました
부정	おきません	おきませんでした

③ 毎朝 6時に 起きます。　　　　매일 아침 6시에 일어납니다.
④ あした 6時に 起きます。　　　내일 6시에 일어납니다.
⑤ けさ 6時に 起きました。　　　오늘 아침 6시에 일어났습니다.

3) 의문문은 어순을 바꾸지 않고 문말에 「か」를 붙인다. 의문사는 묻고 싶은 내용에 해당되는 위치에 둔다.
대답하는 문장에서는 의문문 중의 동사를 반복해서 사용한다. 「そうです」「ちがいます」(제2과 참조)는 동사문 의문문에 대한 대답에서는 사용할 수 없다.

⑥ きのう 勉強しましたか。　　　어제 공부했습니까?
　……はい、勉強しました。　　　……네, 공부했습니다.
　……いいえ、勉強しませんでした。……아니요, 공부하지 않았습니다.
⑦ 毎朝 何時に 起きますか。　　매일 아침 몇 시에 일어납니까?
　……6時に 起きます。　　　　　……6시에 일어납니다.

3. N(시간)に V

시간을 나타내는 명사 뒤에 조사 「に」를 붙여서 동작이 이루어지는 시점을 나타낸다.

⑧ 6時半に 起きます。　　　　　6시 반에 일어납니다.

⑨ 7月2日に 日本へ 来ました。　　　7월 2일에 일본에 왔습니다.(제5과 참조)
[주1] 다음과 같은 시간을 나타내는 명사에는「に」를 붙이지 않는다.

きょう, あした, あさって, きのう, おとといい, けさ, こんばん, いま, まいあさ, まいばん, まいにち, せんしゅう(제5과), こんしゅう(제5과), らいしゅう(제5과), いつ(제5과), せんげつ(제5과), こんげつ(제5과), らいげつ(제5과), ことし(제5과), らいねん(제5과), きょねん(제5과) 등.

⑩ きのう 勉強しました。　　　어제 공부했습니다.
[주2] 다음 명사에는「に」를 붙이지 않아도 된다.

　　　～ようび, あさ, ひる, ばん, よる

⑪ 日曜日[に] 奈良へ 行きます。　　　일요일에 나라에 갑니다. (제5과 참조)

4.　N_1 から N_2 まで

1) 「から」는 시간, 장소 등의 시작점을 나타내고,「まで」는 시간, 장소 등의 종점을 나타낸다.

⑫ 9時から 5時まで 勉強します。　　9시부터 5시까지 공부합니다.
⑬ 大阪から 東京まで 3時間 かかります。
오사카에서 도쿄까지 3시간 걸립니다. (제11과 참조)

2) 「から」와「まで」는 반드시 같이 사용되는 것이 아니라 따로따로 사용되는 경우도 있다.

⑭ 9時から 働きます。　　　9시부터 일합니다.

3) 명사가 가리키는 주제의 시작·종료 시간이나 날짜, 시간을 나타낼 때「～から」「～まで」「～から～まで」에는「です」를 붙여서 사용할 수 있다.

⑮ 銀行は 9時から 3時までです。　　은행은 9시부터 3시까지입니다.
⑯ 昼休みは 12時からです。　　　점심 시간은 12시부터입니다.

5.　N_1 と N_2

명사를 열거할 때 명사와 명사를「と」로 연결한다.

⑰ 銀行の 休みは 土曜日と 日曜日です。
은행 휴무일은 토요일과 일요일입니다.

6.　～ね

조사「ね」는 문말에 붙여서 청자에게 동의를 기대하거나 무언가를 확인할 때 사용된다.

⑱ 毎日 10時まで 勉強します。　　　매일 10시까지 공부합니다.
　……大変ですね。　　　……힘들겠네요.
⑲ 山田さんの 電話番号は 871の 6813です。
야마다 씨 전화번호는 871의 6813입니다.
　……871の 6813ですね。　　　……871의 6831이지요?

제 5 과

I. 어휘

いきます	行きます	갑니다
きます	来ます	옵니다
かえります	帰ります	돌아갑니다, 들어갑니다
がっこう	学校	학교
スーパー		슈퍼마켓
えき	駅	역
ひこうき	飛行機	비행기
ふね	船	배
でんしゃ	電車	전철
ちかてつ	地下鉄	지하철
しんかんせん	新幹線	신칸센
バス		버스
タクシー		택시
じてんしゃ	自転車	자전거
あるいて	歩いて	걸어서
ひと	人	사람
ともだち	友達	친구
かれ*	彼	그 사람, 그, 남자 친구
かのじょ	彼女	그 사람, 그녀, 여자 친구
かぞく	家族	가족
ひとりで	一人で	혼자서
せんしゅう	先週	지난주
こんしゅう	今週	이번 주
らいしゅう	来週	다음 주
せんげつ	先月	지난달
こんげつ*	今月	이번 달
らいげつ	来月	다음 달
きょねん	去年	작년
ことし*		올해
らいねん	来年	내년
―ねん*	―年	―년
なんねん*	何年	몇 년
―がつ	―月	―월
なんがつ*	何月	몇 월

ついたち	1日	1일
ふつか*	2日	2일, 2일간
みっか	3日	3일, 3일간
よっか*	4日	4일, 4일간
いつか*	5日	5일, 5일간
むいか	6日	6일, 6일간
なのか*	7日	7일, 7일간
ようか*	8日	8일, 8일간
ここのか	9日	9일, 9일간
とおか	10日	10일, 10일간
じゅうよっか	14日	14일, 14일간
はつか*	20日	20일, 20일간
にじゅうよっか*	24日	24일, 24일간
ーにち	ー日	ー일, ー일간
なんにち*	何日	며칠, 며칠간
いつ		언제
たんじょうび	誕生日	생일

〈練習C〉

そうですね。 그렇군요.

〈会話〉

[どうも] ありがとう ございました。 [정말] 감사합니다.
どう いたしまして。 별말씀을./아닙니다.
ー番線(ばんせん) ー번선, ー번 홈
次(つぎ)の 다음의
普通(ふつう) 보통, 완행
急行(きゅうこう)* 급행
特急(とっきゅう)* 특급

甲子園(こうしえん) 오사카 근처의 지방 도시 이름
大阪城(おおさかじょう) 오사카성 (오사카에 있는 유명한 성)

II. 번역

문형
1. 저는 교토에 갑니다.
2. 저는 택시로 집에 갑니다.
3. 저는 가족과 일본에 왔습니다.

예문
1. 내일 어디에 갑니까?
   ……나라에 갑니다.
2. 일요일에 어디에 갔습니까?
   ……아무 데도 가지 않았습니다.
3. 무엇을 타고 도쿄에 갑니까?
   ……신칸센으로 갑니다.
4. 누구하고 도쿄에 갑니까?
   ……야마다 씨하고 갑니다.
5. 언제 일본에 왔습니까?
   ……3월 25일에 왔습니다.
6. 생일은 언제입니까?
   ……6월 13일입니다.

회화

이 전철은 고시엔에 갑니까?

산토스 : 저기요… 고시엔까지 얼마입니까?
여자 : 350엔입니다.
산토스 : 350엔요? 감사합니다.
여자 : 아닙니다.
....
산토스 : 저기요… 고시엔 가는 전철은 몇 번선입니까?
역무원 : 5번선입니다.
산토스 : 감사합니다.
....
산토스 : 저… 이 전철은 고시엔에 갑니까?
남자 : 아니요. 다음 완행 열차가 갑니다.
산토스 : 그렇습니까? 감사합니다.

III. 참고 어휘와 정보

<ruby>祝祭日<rt>しゅくさいじつ</rt></ruby>　　경축일

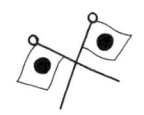

1月1日 (がつついたち)	元日 (がんじつ)	양력 설
1月第2月曜日** (がつだいげつようび)	成人の日 (せいじんのひ)	성인의 날
2月11日 (がつにち)	建国記念の日 (けんこくきねんのひ)	건국 기념일
3月20日* (がつはつか)	春分の日 (しゅんぶんのひ)	춘분의 날
4月29日 (がつにち)	昭和の日 (しょうわのひ)	쇼와의 날
5月3日 (がつみっか)	憲法記念日 (けんぽうきねんび)	헌법 기념일
5月4日 (がつよっか)	みどりの日 (ひ)	녹색의 날
5月5日 (がついつか)	こどもの日 (ひ)	어린이날
7月第3月曜日*** (がつだいげつようび)	海の日 (うみのひ)	바다의 날
8月11日 (がつにち)	山の日 (やまのひ)	산의 날
9月第3月曜日*** (がつだいげつようび)	敬老の日 (けいろうのひ)	경로의 날
9月23日* (がつにち)	秋分の日 (しゅうぶんのひ)	추분의 날
10月第2月曜日** (がつだいげつようび)	体育の日 (たいいくのひ)	체육의 날
11月3日 (がつみっか)	文化の日 (ぶんかのひ)	문화의 날
11月23日 (がつにち)	勤労感謝の日 (きんろうかんしゃのひ)	근로 감사의 날
12月23日 (がつにち)	天皇誕生日 (てんのうたんじょうび)	천황 탄생일

  * 해마다 날이 다름
  ** 둘째 주 월요일
  *** 셋째 주 월요일

경축일이 일요일과 겹쳐지는 경우에는 다음 월요일이 대체 휴일이 됩니다. 4월 29일부터 5월 5일까지를 「ゴールデンウィーク」(황금 연휴)라고 합니다. 회사에 따라서는 이 기간을 모두 휴일로 정하는 곳도 있습니다.

IV. 문법 해설

1. | N(장소)へ 行きます／来ます／帰ります |

이동을 나타내는 동사를 사용할 때는 이동의 방향은 조사 「へ」를 붙여서 표시한다.

① 京都へ 行きます。　　　　교토로 갑니다.
② 日本へ 来ました。　　　　일본으로 왔습니다.
③ うちへ 帰ります。　　　　집으로 갑니다.

[주] 조사 「へ」는 「え」로 발음한다.

2. | どこ[へ]も 行きません／行きませんでした |

의문사로 물어보는 범위 내의 모든 것을 부정할 때는 의문사에 조사 「も」를 붙이고 동사는 부정형을 사용한다.

④ どこ[へ]も 行きません。　　　아무 데[에]도 가지 않습니다.
⑤ 何も 食べません。　　　　　　아무것도 먹지 않습니다. (제6과 참조)
⑥ だれも 来ませんでした。　　　아무도 오지 않았습니다.

3. | N(탈것)で 行きます／来ます／帰ります |

조사 「で」는 수단, 방법을 나타내는데, 여기서는 탈것을 나타내는 명사에 붙어서 이동동사와 함께 쓰여 교통수단을 표시하는 용법을 배운다.

⑦ 電車で 行きます。　　　　전철로 갑니다.
⑧ タクシーで 来ました。　　택시로 왔습니다.

걸어서 이동하는 경우에는 「あるいて」를 사용하며 조사 「で」는 붙이지 않는다.

⑨ 駅から 歩いて 帰りました。　역에서 걸어서 돌아갔습니다.

4. | N(사람/동물)と V |

동작을 함께 하는 사람(동물)은 조사 「と」를 붙여서 표시한다.

⑩ 家族と 日本へ 来ました。　　가족과 함께 일본에 왔습니다.

단독으로 동작을 할 때는 「ひとりで」를 사용한다. 이 경우 조사 「と」는 사용하지 않는다.

⑪ 一人で 東京へ 行きます。　　혼자서 도쿄에 갑니다.

5. いつ

시간을 물을 때 「なんじ」「なんようび」「なんがつなんにち」와 같이 「なん」이 포함된 의문사를 사용하는 방법 외에 의문사 「いつ」를 사용하는 방법도 있다. 「いつ」에는 조사 「に」를 붙이지 않는다.

⑫ いつ 日本へ 来ましたか。　　　　　　언제 일본에 왔습니까?
　　……3月25日に 来ました。　　　　　……3월 25일에 왔습니다.

⑬ いつ 広島へ 行きますか。　　　　　　언제 히로시마에 갑니까?
　　……来週 行きます。　　　　　　　　……다음 주에 갑니다.

6. ～よ

조사 「よ」는 문말에 붙여서 청자가 모르는 사실을 가르치거나 화자의 판단이나 의견을 청자에게 전할 때 사용한다.

⑭ この 電車は 甲子園へ 行きますか。
　　……いいえ、行きません。次の「普通」ですよ。
　　이 전철은 고시엔에 갑니까?
　　……아니요, 가지 않습니다. 다음 완행 열차가 갑니다.

⑮ 北海道に 馬が たくさん いますよ。
　　홋카이도에 말이 많이 있습니다. (제18과 참조)

⑯ マリアさん、この アイスクリーム、おいしいですよ。
　　마리아 씨, 이 아이스크림 맛있는데요. (제19과 참조)

7. そうですね

「そうですね」는 상대가 말한 내용에 대한 동의, 동감을 나타내는 말이다. 비슷한 표현으로 「そうですか」(제2과 8 참조)가 있는데, 「そうですか」는 화자가 몰랐던 새 정보를 얻어서 납득했을 때 사용하는 표현인데 반하여, 「そうですね」는 화자도 이미 알고 있던 사실에 대한 동의, 동감을 나타낼 때 사용한다.

⑰ あしたは 日曜日ですね。　　　　　　내일은 일요일이네요.
　　……あ、そうですね。　　　　　　　……아, 그렇군요.

제 6 과

I. 어휘

たべます	食べます	먹습니다
のみます	飲みます	마십니다
すいます [たばこを～]	吸います	피웁니다 [담배를 ～]
みます	見ます	봅니다
ききます	聞きます	듣습니다
よみます	読みます	읽습니다
かきます	書きます	씁니다 (かきます에는 '그림을 그리다'라는 뜻도 있는데, 그 경우 이 책에서는 히라가나로 표기함)
かいます	買います	삽니다
とります [しゃしんを～]	撮ります [写真を～]	찍습니다 [사진을 ～]
します		합니다
あいます [ともだちに～]	会います [友達に～]	만납니다 [친구를 ～]
ごはん		밥
あさごはん*	朝ごはん	아침, 아침밥
ひるごはん	昼ごはん	점심, 점심밥
ばんごはん*	晩ごはん	저녁, 저녁밥
パン		빵
たまご	卵	계란
にく	肉	고기
さかな	魚	생선
やさい	野菜	야채
くだもの	果物	과일
みず	水	물
おちゃ	お茶	차, 녹차
こうちゃ	紅茶	홍차
ぎゅうにゅう(ミルク)	牛乳	우유
ジュース		주스
ビール		맥주
[お]さけ	[お]酒	술, 일본 술
たばこ		담배

てがみ	手紙	편지
レポート		리포트, 보고서
しゃしん	写真	사진
ビデオ		비디오
みせ	店	가게
にわ	庭	뜰, 마당, 정원
しゅくだい	宿題	숙제 (〜を します：숙제를 합니다)
テニス		테니스 (〜を します：테니스를 합니다)
サッカー		축구 (〜を します：축구를 합니다)
[お]はなみ	[お]花見	꽃구경 (〜を します：꽃구경을 합니다)
なに	何	무엇
いっしょに		같이, 함께
ちょっと		조금
いつも		항상
ときどき	時々	가끔
それから		그리고 나서
ええ		네
いいですね。		좋지요.
わかりました。		알겠습니다.

〈会話〉

何ですか。	왜요? (누가 불렀을 때 말함)
じゃ、また [あした]。	그럼, [내일] 또 만납시다.

メキシコ	멕시코
大阪デパート	실제로 존재하지 않는 백화점
つるや	실제로 존재하지 않는 레스토랑
フランス屋	실제로 존재하지 않는 슈퍼마켓
毎日屋	실제로 존재하지 않는 슈퍼마켓

II. 번역

문형
1. 저는 책을 읽습니다.
2. 저는 역에서 신문을 삽니다.
3. 같이 고베에 가지 않겠습니까?
4. 조금 쉽시다.

예문
1. 술을 마십니까?
   ……아니요. 마시지 않습니다.
2. 매일 아침에 무엇을 먹습니까?
   ……빵과 계란을 먹습니다.
3. 오늘 아침에 무엇을 먹었습니까?
   ……아무것도 먹지 않았습니다.
4. 토요일에 무엇을 했습니까?
   ……일본어를 공부했습니다. 그리고 나서 친구와 영화를 보았습니다.
5. 어디서 그 가방을 샀습니까?
   ……멕시코에서 샀습니다.
6. 내일 테니스를 하지 않겠습니까?
   ……네, 좋지요.
7. 내일 10시에 역에서 만납시다.
   ……알겠습니다.

회화

같이 가지 않겠습니까?

사토: 밀러 씨.
밀러: 왜요?
사토: 내일 친구와 꽃구경을 합니다.
      밀러 씨도 같이 가지 않겠습니까?
밀러: 좋지요. 어디로 갑니까?
사토: 오사카성입니다.
밀러: 몇 시에 갑니까?
사토: 10시에 오사카역에서 만납시다.
밀러: 알겠습니다.
사토: 그럼 내일 또 만납시다.

III. 참고 어휘와 정보

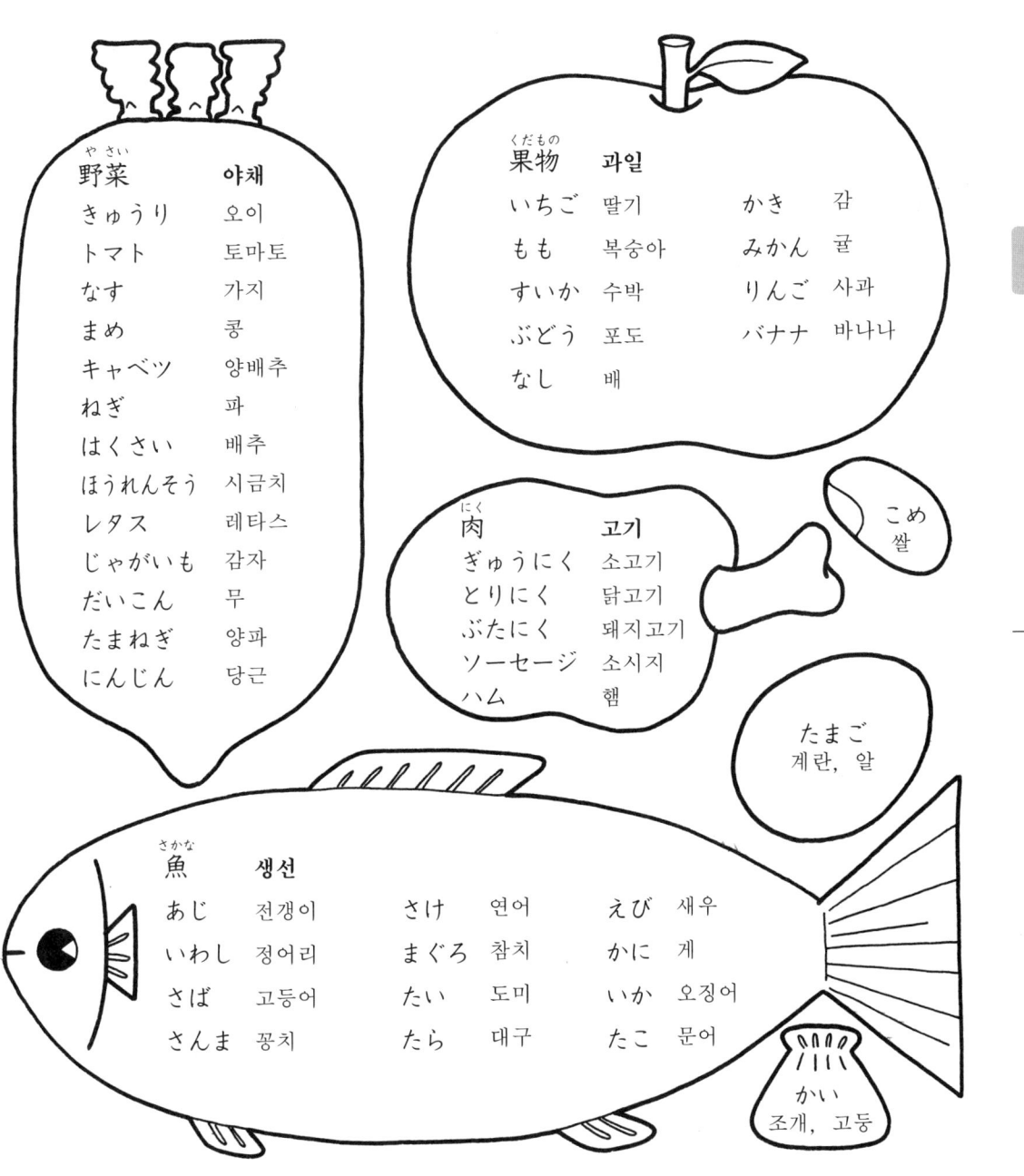

食べ物(たべもの)　음식

野菜(やさい)　야채
きゅうり	오이
トマト	토마토
なす	가지
まめ	콩
キャベツ	양배추
ねぎ	파
はくさい	배추
ほうれんそう	시금치
レタス	레타스
じゃがいも	감자
だいこん	무
たまねぎ	양파
にんじん	당근

果物(くだもの)　과일
いちご	딸기	かき	감
もも	복숭아	みかん	귤
すいか	수박	りんご	사과
ぶどう	포도	バナナ	바나나
なし	배		

肉(にく)　고기
ぎゅうにく	소고기
とりにく	닭고기
ぶたにく	돼지고기
ソーセージ	소시지
ハム	햄

こめ　쌀

たまご　계란, 알

魚(さかな)　생선
あじ	전갱이	さけ	연어	えび	새우
いわし	정어리	まぐろ	참치	かに	게
さば	고등어	たい	도미	いか	오징어
さんま	꽁치	たら	대구	たこ	문어

かい　조개, 고둥

일본은 국민이 소비하는 식량의 절반 이상을 수입에 의지하고 있습니다. 식량 자급률은 주식용 곡물 59%, 야채 81%, 과일 38%, 육류 56%, 어패류 60%(2010년 농림수산성 조사)입니다. 주식용 쌀 자급률은 100%입니다.

IV. 문법 해설

1. N を V(타동사)

타동사의 목적어 (object)는 조사 「を」로 표시한다.

① ジュースを 飲みます。　　　　주스를 마십니다.

[주]「を」는 조사의 표기에만 사용한다.

2. N を します

「します」는 다양한 명사를 목적어로 취하며, 그 목적어가 나타내는 내용을 실행함을 의미한다. 아래에 몇 가지 용례를 제시한다.

1) 스포츠, 게임 등

　　サッカーを します　축구를 합니다　　トランプを します　트럼프를 합니다

2) 모임, 이벤트 등

　　パーティーを します　파티를 합니다　　会議を します　회의를 합니다

3) 기타

　　宿題を します　숙제를 합니다　　仕事を します　일을 합니다
　　電話を します　전화를 합니다

3. 何を しますか

이것은 하는 일을 묻는 질문이다.

② 月曜日 何を しますか。　　　　월요일에 무엇을 합니까?
　……京都へ 行きます。　　　　……교토에 갑니다.

③ きのう 何を しましたか。　　　어제 무엇을 했습니까?
　……サッカーを しました。　　　……축구를 했습니다.

4. なん 과 なに

「なん」과「なに」는 같은 뜻이다.
「なん」은 아래와 같은 경우에 사용한다.

1) 뒤에 이어지는 말이 'た행', 'だ행', 'な행'으로 시작하는 경우

④ それは 何ですか。　　　　그것은 무엇입니까?
⑤ 何の 本ですか。　　　　　무슨 책입니까?
⑥ 寝る まえに、何と 言いますか。
　자기 전에 뭐라고 말합니까? (제 21 과 참조)

⑦ 何で 東京へ 行きますか。
　　무엇을 타고 도쿄에 갑니까?/ 왜 도쿄에 갑니까?
[주]「なんで」는 수단을 묻는 경우 외에 이유를 물을 때도 사용한다. 수단을 묻고 있음을 분명히 표시하고 싶을 때는「なにで」라고도 한다.
⑧ 何で 東京へ 行きますか。　　무엇을 타고 도쿄에 갑니까?
　……新幹線で 行きます。　　……신칸센으로 갑니다.
2) 조수사에 붙는 경우
⑨ テレーザちゃんは 何歳ですか。　데레자는 몇 살입니까?
1) 2) 이외의 경우에는「なに」를 사용한다.
⑩ 何を 買いますか。　　무엇을 삽니까?

5. N(장소)で V

여기서 학습하는 조사「で」는 장소를 나타내는 명사 뒤에 붙어서 동작이 행해지는 장소를 나타낸다.
⑪ 駅で 新聞を 買います。　　역에서 신문을 삽니다.

6. Vませんか

청자에게 무언가를 권유하는 표현이다.
⑫ いっしょに 京都へ 行きませんか。 같이 교토에 가지 않겠습니까?
　……ええ、いいですね。　　……네, 좋지요.

7. Vましょう

무언가를 적극적으로 제안하고 권유하는 표현이다. 제안이나 권유에 대해 적극적으로 응할 경우에도 사용한다.
⑬ ちょっと 休みましょう。　　조금 쉽시다.
⑭ いっしょに 昼ごはんを 食べませんか。　같이 점심을 먹지 않겠습니까?
　……ええ、食べましょう。　　……네, 먹읍시다.
[주]「Vませんか」와「Vましょう」는 모두 청자에게 무언가를 권유하는 표현인데,「Vませんか」에는「Vましょう」보다 상대의 의향을 존중하는 태도가 더 담겨 있다.

8. ～か

「か」는 화자가 몰랐던 새 정보를 얻어서 납득했다는 뜻을 나타낸다. 이것은 「そうですか」(제2과 8 참조)의「か」와 같은 용법이다.
⑮ 日曜日 京都へ 行きました。　　일요일에 교토로 갔습니다.
　……京都ですか。いいですね。　　……교토요? 좋네요.

제 7 과

I. 어휘

きります	切ります	자릅니다
おくります	送ります	보냅니다
あげます		줍니다
もらいます		받습니다
かします	貸します	빌려줍니다
かります	借ります	빌립니다
おしえます	教えます	가르칩니다
ならいます	習います	배웁니다
かけます［でんわを～］	［電話を～］	겁니다 ［전화를 ～］
て	手	손
はし		젓가락
スプーン		숟가락
ナイフ		나이프
フォーク		포크
はさみ		가위
パソコン		PC
ケータイ		휴대폰
メール		메일
ねんがじょう	年賀状	연하장
パンチ		펀치
ホッチキス		호치키스, 스테이플러
セロテープ		스카치테이프
けしゴム	消しゴム	지우개
かみ	紙	종이
はな	花	꽃
シャツ		셔츠
プレゼント		선물
にもつ	荷物	짐
おかね	お金	돈
きっぷ	切符	표
クリスマス		크리스마스

ちち	父	아버지
はは	母	어머니
おとうさん*	お父さん	아버지, 아버님 (남의 아버지. 자신의 아버지를 부를 때도 사용함)
おかあさん	お母さん	어머니, 어머님 (남의 어머니. 자신의 어머니를 부를 때도 사용함)
もう		벌써
まだ		아직
これから		지금부터

⟨練習 C⟩
[～、] すてきですね。　　　　　　　　　[～,] 멋있네요.

⟨会話⟩
いらっしゃい。　　　　　　　　　　　　어서 오십시오.
どうぞ お上がり ください。　　　　　　어서 들어오십시오.
失礼します。　　　　　　　　　　　　　실례하겠습니다.
[～は] いかがですか。　　　　　　　　　[～는] 어떻습니까? (남에게 무언가를 권할 때 사용함)
いただきます。　　　　　　　　　　　　잘 먹겠습니다. (음식을 먹거나 마시기 전에 말함)
ごちそうさま[でした]*。　　　　　　　　잘 먹었습니다. (음식을 먹거나 마신 후에 말함)

―――――――――――――――――――――――――――――

スペイン　　　　　　　　　　　　　　　스페인

II. 번역

문형
1. 저는 PC로 영화를 봅니다.
2. 저는 기무라 씨에게 꽃을 줍니다.
3. 저는 카리나 씨에게서 초콜릿을 받았습니다.
4. 저는 벌써 메일을 보냈습니다.

예문
1. 텔레비전으로 일본어를 공부했습니까?
   ……아니요, 라디오로 공부했습니다.
2. 일본어로 리포트를 씁니까?
   ……아니요, 영어로 씁니다.
3. 'Goodbye'는 일본어로 무엇입니까?
   ……「さようなら」입니다.
4. 누구에게 연하장을 씁니까?
   ……선생님과 친구에게 씁니다.
5. 그것은 무엇입니까?
   ……수첩입니다. 야마다 씨에게서 받았습니다.
6. 벌써 신칸센 표를 샀습니까?
   ……네, 벌써 샀습니다.
7. 벌써 점심을 먹었습니까?
   ……아니요, 아직입니다. 지금부터 먹습니다.

회화

어서 오십시오

야마다 이치로:	네.
조제 산토스:	산토스입니다.
	……………………………
야마다 이치로:	어서 오십시오. 어서 들어오십시오.
조제 산토스:	실례하겠습니다.
	……………………………
야마다 도모코:	커피는 어떻습니까?
마리아 산토스:	감사합니다.
	……………………………
야마다 도모코:	어서 드십시오.
마리아 산토스:	잘 먹겠습니다.
	이 숟가락 멋있군요.
야마다 도모코:	네. 회사 사람에게서 받았습니다. 멕시코 토산품입니다.

III. 참고 어휘와 정보

家族(かぞく) 가족

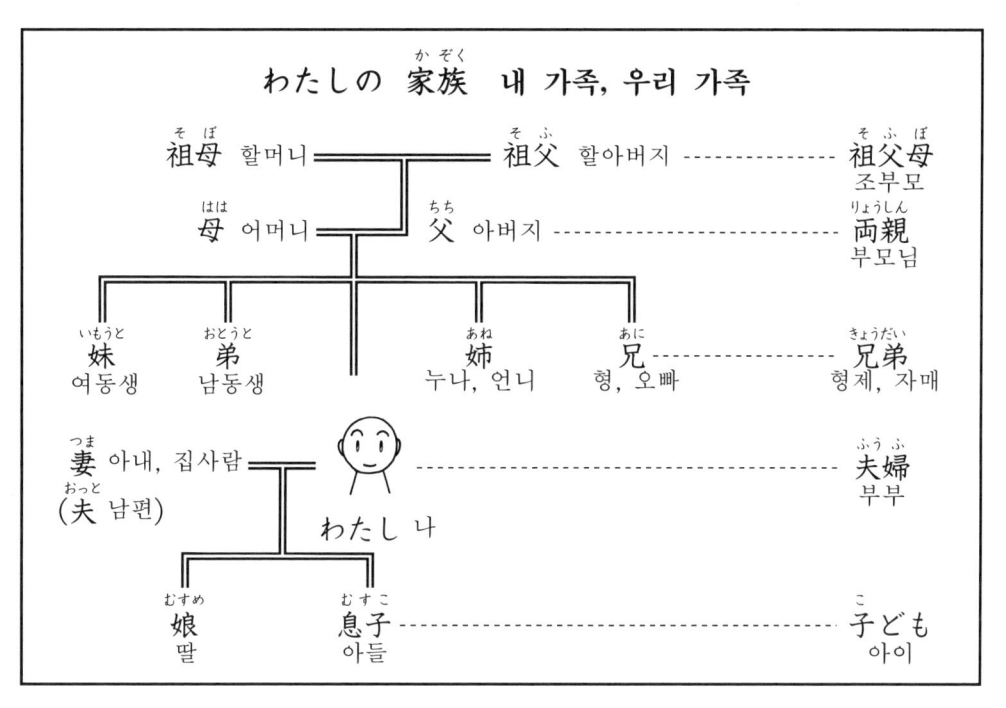

わたしの 家族(かぞく) 내 가족, 우리 가족

- 祖母(そぼ) 할머니 ─ 祖父(そふ) 할아버지 ------ 祖父母(そふぼ) 조부모
- 母(はは) 어머니 ─ 父(ちち) 아버지 ------------ 両親(りょうしん) 부모님
- 妹(いもうと) 여동생
- 弟(おとうと) 남동생
- 姉(あね) 누나, 언니
- 兄(あに) 형, 오빠 ────── 兄弟(きょうだい) 형제, 자매
- 妻(つま) 아내, 집사람
  (夫(おっと) 남편)
- わたし 나 ------------ 夫婦(ふうふ) 부부
- 娘(むすめ) 딸
- 息子(むすこ) 아들 ------------ 子(こ)ども 아이

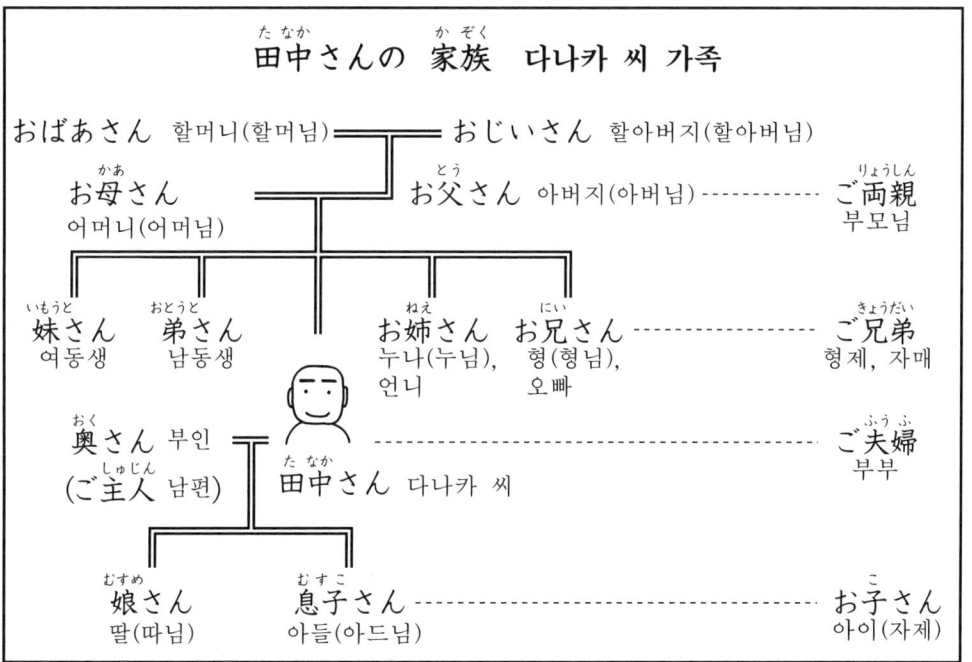

田中(たなか)さんの 家族(かぞく) 다나카 씨 가족

- おばあさん 할머니(할머님) ─ おじいさん 할아버지(할아버님)
- お母(かあ)さん 어머니(어머님) ─ お父(とう)さん 아버지(아버님) ------ ご両親(りょうしん) 부모님
- 妹(いもうと)さん 여동생
- 弟(おとうと)さん 남동생
- お姉(ねえ)さん 누나(누님), 언니
- お兄(にい)さん 형(형님), 오빠 ────── ご兄弟(きょうだい) 형제, 자매
- 奥(おく)さん 부인
  (ご主人(しゅじん) 남편)
- 田中(たなか)さん 다나카 씨 ------------ ご夫婦(ふうふ) 부부
- 娘(むすめ)さん 딸(따님)
- 息子(むすこ)さん 아들(아드님) ------------ お子(こ)さん 아이(자제)

IV. 문법 해설

1. N(도구/수단)で V

   여기서는 수단, 방법을 표시하는 조사 「で」를 학습한다.
   ① はしで 食べます。　　　　　　　　젓가락으로 먹습니다.
   ② 日本語で レポートを 書きます。　　일본어로 리포트를 씁니다.

2. '단어/S'は ～語で 何ですか

   이 질문은 단어나 문장의 뜻을 다른 언어로 뭐라고 하는지 물을 때 사용된다.
   ③ 「ありがとう」は 英語で 何ですか。　　「ありがとう」는 영어로 무엇입니까?
   ……「Thank you」です。　　　　　　……'Thank you' 입니다.
   ④ 「Thank you」は 日本語で 何ですか。　'Thank you'는 일본어로 무엇입니까?
   ……「ありがとう」です。　　　　　　……「ありがとう」입니다.

3. N₁(사람)に N₂を あげます 등

   「あげます」「かします」「おしえます」등의 동사는 물건이나 정보를 준다는 뜻을 나타내며, 물건이나 정보를 받을 상대를 필요로 한다. 그 상대는 조사 「に」를 붙여서 표시한다.
   ⑤ [わたしは] 木村さんに 花を あげました。
   　[저는] 기무라 씨에게 꽃을 주었습니다.
   ⑥ [わたしは] イーさんに 本を 貸しました。
   　[저는] 이 선생님에게 책을 빌려 주었습니다.
   ⑦ [わたしは] 山田さんに 英語を 教えます。
   　[저는] 야마다 씨에게 영어를 가르칩니다.

4. N₁(사람)に N₂を もらいます 등

   「もらいます」「かります」「ならいます」등의 동사는 물건이나 정보를 받는다는 뜻을 나타내며, 물건이나 정보를 제공하는 상대를 필요로 한다. 그 상대는 조사 「に」를 붙여서 표시한다.
   ⑧ [わたしは] 山田さんに 花を もらいました。
   　[저는] 야마다 씨에게서 책을 받았습니다.
   ⑨ [わたしは] カリナさんに CDを 借りました。
   　[저는] 카리나 씨에게서 CD를 빌렸습니다.
   ⑩ [わたしは] ワンさんに 中国語を 習います。
   　[저는] 왕 선생님에게 중국어를 배웁니다.

[주] 이 문형에서는 「に」 대신 조사 「から」를 사용할 수도 있다. 특히 상대가 사람이 아니라 회사나 학교와 같은 조직인 경우에는 「に」가 아니라 「から」를 사용한다.

⑪ [わたしは] 山田さんから 花を もらいました。
　　[저는] 야마다 씨에게서 꽃을 받았습니다.

⑫ 銀行から お金を 借りました。
　　은행에서 돈을 빌렸습니다.

5. もう V ました

「もう」는 '벌써'라는 뜻으로, 「Vました」와 함께 사용된다. 이 경우 「Vました」는 현시점에서 행위가 완료되어 있다는 의미가 된다.
행위의 완료 여부를 묻는 질문 「もう V ましたか」에 대한 대답은 다음과 같다. 완료된 경우 즉 긍정의 대답은 「はい、もう V ました」로 하고, 완료되지 않은 경우 즉 부정의 대답은 「いいえ、V て いません」(제31과 참조), 또는 「いいえ、まだです」로 한다. 「いいえ、V ませんでした」는 과거에 어떤 일을 하지 않았음을 나타내므로 사용할 수 없다.

⑬ もう 荷物を 送りましたか。
　　……はい、[もう] 送りました。
　　……いいえ、まだ 送って いません。
　　……いいえ、まだです。
　　벌써 짐을 보냈습니까?
　　……네, [벌써] 보냈습니다.
　　……아니요, 아직 보내지 않았습니다. (제31과 참조)
　　……아니요, 아직입니다.

6. 조사의 생략

회화문에서는 문맥으로 뜻을 알 수 있을 때 조사가 생략되는 일이 많다.

⑭ この スプーン[は]、すてきですね。　　이 숟가락[은] 멋있군요.
⑮ コーヒー[を]、もう 一杯 いかがですか。
　　커피[를] 한 잔 더 어떻습니까? (제8과 참조)

제 8 과

I. 어휘

ハンサム[な]		핸섬하다, 잘생기다
きれい[な]		예쁘다, 곱다, 깨끗하다
しずか[な]	静か[な]	조용하다
にぎやか[な]		흥겹다, 번화하다
ゆうめい[な]	有名[な]	유명하다
しんせつ[な]	親切[な]	친절하다 (자신의 가족에 대해서는 사용하지 않음)
げんき[な]	元気[な]	건강하다
ひま[な]	暇[な]	한가하다
べんり[な]	便利[な]	편리하다
すてき[な]		멋지다
おおきい	大きい	크다
ちいさい*	小さい	작다
あたらしい	新しい	새롭다, 싱싱하다
ふるい	古い	낡다, 오래되다
いい (よい)		좋다
わるい*	悪い	나쁘다
あつい	暑い、熱い	덥다, 뜨겁다
さむい	寒い	춥다 (기온에 대해서 말함)
つめたい	冷たい	차갑다, 차다 (감촉에 대해서 말함)
むずかしい	難しい	어렵다
やさしい	易しい	쉽다
たかい	高い	비싸다, 높다
やすい	安い	싸다
ひくい*	低い	낮다
おもしろい		재미있다
おいしい		맛있다
いそがしい	忙しい	바쁘다
たのしい	楽しい	즐겁다
しろい	白い	희다, 하얗다
くろい	黒い	검다, 까맣다
あかい	赤い	붉다, 빨갛다
あおい	青い	파랗다
さくら	桜	벚나무, 벚꽃
やま	山	산

まち	町	(작은) 도시, 동네, 거리
たべもの	食べ物	음식
ところ	所	곳
りょう	寮	기숙사
レストラン		레스토랑
せいかつ	生活	생활
[お]しごと	[お]仕事	일, 직업 (〜をします : 일을 합니다)
どう		어떻다
どんな 〜		어떤 〜
とても		매우, 아주
あまり		별로 (부정형과 함께 사용함)
そして		그리고
〜が、〜		〜지만, 〜

〈練習C〉
お元気ですか。	건강합니까?/ 잘 지냅니까?
そうですね。	글쎄요.

〈会話〉
[〜、] もう 一杯 いかがですか。	[〜,] 한 잔 더 어떻습니까?
[いいえ、] けっこうです。	[아뇨,] 됐습니다.
もう 〜です[ね]。	벌써 〜이군요.
そろそろ 失礼します。	이만 실례하겠습니다.
いいえ。	아닙니다./ 별말씀을.
また いらっしゃって ください。	또 오십시오.

シャンハイ	상하이 (上海)
金閣寺	금각사
奈良公園	나라공원
富士山	후지산 (일본에서 제일 높은 산)
「七人の 侍」	"7인의 사무라이" (구로사와 아키라 감독의 옛 영화)

II. 번역

문형
1. 벚꽃은 예쁩니다.
2. 후지산은 높습니다.
3. 벚꽃은 예쁜 꽃입니다.
4. 후지산은 높은 산입니다.

예문
1. 오사카는 번화합니까?
   ……네, 번화합니다.
2. 사쿠라대학교는 유명합니까?
   ……아니요, 유명하지 않습니다.
3. 베이징은 지금 춥습니까?
   ……네, 매우 춥습니다.
   상하이도 춥습니까?
   ……아니요, 별로 춥지 않습니다.
4. 대학교 기숙사는 어떻습니까?
   ……낡았지만 편리합니다.
5. 어제 마쓰모토 씨 집에 갔습니다.
   ……어떤 집입니까?
   예쁜 집입니다. 그리고 큰 집입니다.
6. 어제 재미있는 영화를 보았습니다.
   ……무엇을 보았습니까?
   "7인의 사무라이"입니다.

회화

이만 실례하겠습니다

야마다 이치로 :	마리아 씨, 일본 생활은 어떻습니까?
마리아 산토스 :	날마다 매우 즐겁습니다.
야마다 이치로 :	그렇습니까? 산토스 씨, 일은 어떻습니까?
조제 산토스 :	글쎄요. 바쁘지만 재미있습니다.
	………………………………
야마다 도모코 :	커피 한 잔 더 어떻습니까?
마리아 산토스 :	아니요, 됐습니다.
	………………………………
호세 산토스 :	아, 벌써 6시군요. 이만 실례하겠습니다.
야마다 이치로 :	그렇습니까?
마리아 산토스 :	오늘은 대단히 감사했습니다.
야마다 도모코 :	아닙니다. 또 오십시오.

III. 참고 어휘와 정보

色・味 （いろ・あじ） 색, 맛

色 （いろ） 색

	명사	형용사		명사	형용사
白 （しろ）	흰색	白い （しろい）	黄色 （きいろ）	노란색	黄色い （きいろい）
黒 （くろ）	검은색	黒い （くろい）	茶色 （ちゃいろ）	밤색	茶色い （ちゃいろい）
赤 （あか）	붉은색	赤い （あかい）	ピンク	분홍색	—
青 （あお）	파란색	青い （あおい）	オレンジ	오렌지색	—
緑 （みどり）	녹색	—	グレー	회색	—
紫 （むらさき）	보라색	—	ベージュ	베이지색	—

味 （あじ） 맛

甘 （あま） い 달다 
辛 （から） い 맵다 
苦 （にが） い 쓰다 
塩辛 （しおから） い 짜다

酸 （す） っぱい 시다 
濃 （こ） い 진하다 
薄 （うす） い 싱겁다

春・夏・秋・冬 （はる・なつ・あき・ふゆ） 봄, 여름, 가을, 겨울

일본은 사계절이 뚜렷합니다. 봄은 3월부터 5월까지, 여름은 6월부터 8월까지, 가을은 9월부터 11월까지, 겨울은 12월부터 2월까지입니다. 평균 기온은 지역에 따라 다르지만, 기온 변화의 유형은 대체로 같습니다. 제일 더운 때는 8월이며, 제일 추운 때는 1월, 2월입니다. 이러한 기온 변화에 의해서 일본 사람은 '봄은 따뜻하다', '여름은 덥다', '가을은 선선하다', '겨울은 춥다'라고 느끼는 것입니다.

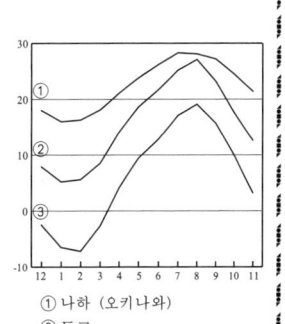

① 나하 (오키나와)
② 도쿄
③ 아바시리 (홋카이도)

IV. 문법 해설

1. 형용사
형용사는 술어가 되어,「N は adj です」라는 문장에서 명사의 상태를 나타내거나, 명사를 수식하는 단어로 사용된다. 일본어에는 い형용사, な형용사 등 2가지 형용사가 있으며, 활용 방법이 다르다.

2.
```
N は な-adj[な] です
N は い-adj(～い) です
```

비과거 긍정의 형용사문은「です」로 끝난다.「です」는 청자에 대한 정중한 태도를 나타낸다. な형용사는「な」가 빠진 형태에, い형용사는「い」가 포함된 형태(～い)에 그대로「です」가 붙는다.

① ワット先生は 親切です。　　와트 선생님은 친절합니다.
② 富士山は 高いです。　　후지산은 높습니다.

1) な-adj[な] じゃ(では) ありません
   な형용사의 비과거 부정형은 な형용사의「な」가 빠진 형태에「じゃ(では) ありません」을 붙여서 만든다.

   ③ あそこは 静かじゃ(では) ありません。　저기는 조용하지(는) 않습니다

2) い-adj(～い) です → ～くないです
   い형용사의 비과거 부정형은 い형용사 끝의「い」를 삭제한 후「くないです」를 붙여서 만든다.

   ④ この 本は おもしろくないです。　　이 책은 재미없습니다.

   [주]「いいです」의 부정형은「よくないです」이다.

3) 활용 일람표

	な형용사	い형용사
비과거 긍정	しんせつです	たかいです
비과거 부정	しんせつじゃ(では) ありません	たかくないです

4) 형용사문의 의문문을 만드는 방법은 명사문(제1과 참조), 동사문(제4과 참조)과 마찬가지이다. 대답에는 형용사를 사용하며,「そうです」나「ちがいます」를 사용해서 대답할 수는 없다.

   ⑤ ペキンは 寒いですか。　　　　　　　　베이징은 춥습니까?
      ……はい、寒いです。　　　　　　　　……네, 춥습니다.
   ⑥ 奈良公園は にぎやかですか。　　　　나라공원은 사람이 많습니까?
      ……いいえ、にぎやかじゃ ありません。……아니요, 사람이 많지 않습니다.

3.
```
な-adj な N
い-adj(～い) N
```

형용사가 명사를 수식할 때는 명사 앞에 온다. な형용사는「な」가 붙은 형태로 명사를 수식한다.

⑦ ワット先生は 親切な 先生です。　　　와트 선생님은 친절한 선생님입니다.
⑧ 富士山は 高い 山です。　　　　　　　후지산은 높은 산입니다.

4. ~が、~

「が」는 앞에서 말하는 내용과 뒤에서 말하는 내용을 역접으로 연결한다. 주어가 같은 형용사문에서는 앞에 화자가 긍정적인 평가를 하는 내용이 오면, 뒤에는 부정적인 평가를 하는 내용이 온다. 반대로 앞에 화자가 부정적인 평가를 하는 내용이 오면, 뒤에는 긍정적인 평가를 하는 내용이 온다.

⑨ 日本の 食べ物は おいしいですが、高いです。
　　일본 음식은 맛있지만 비쌉니다.

5. とても／あまり

「とても」와「あまり」는 모두 정도를 나타내는 부사이며, 형용사를 수식할 때는 형용사 앞에 온다.「とても」는 '매우'라는 뜻으로 긍정문에서 사용된다.「あまり」는 부정형과 같이 사용되며 '별로'라는 뜻을 나타낸다.

⑩ ペキンは とても 寒いです。　　　　베이징은 매우 춥습니다.
⑪ これは とても 有名な 映画です。　　이것은 매우 유명한 영화입니다.
⑫ シャンハイは あまり 寒くないです。　상하이는 별로 춥지 않습니다.
⑬ さくら大学は あまり 有名な 大学じゃ ありません。
　　사쿠라대학교는 별로 유명한 대학교가 아닙니다.

6. N は どうですか

「N は どうですか」는 청자가 경험한 일, 찾아간 장소, 만난 사람 등에 대한 인상, 의견, 감상을 묻는 표현이다.

⑭ 日本の 生活は どうですか。　　　일본 생활은 어떻습니까?
　　……楽しいです。　　　　　　　……즐겁습니다.

7. N₁ は どんな N₂ ですか

「どんな」는 사람이나 사물의 상태나 성질을 묻는 의문사로, 명사를 수식하는 형태로 사용된다.

⑮ 奈良は どんな 町ですか。　　　나라는 어떤 도시입니까?
　　……古い 町です。　　　　　　……오래된 도시입니다.

8. そうですね

제5과에서는 동의, 동감을 나타내는「そうですね」를 학습했다. 이 과의 회화에는 ⑯과 같이 화자가 질문에 대하여 생각 중임을 나타내는「そうですね」가 나온다.

⑯ お仕事は どうですか。
　　……そうですね。忙しいですが、おもしろいです。
　　일은 어떻습니까?
　　……글쎄요. 바쁘지만 재미있습니다.

제 9 과

I. 어휘

わかります		압니다
あります		있습니다
すき[な]	好き[な]	좋아하다
きらい[な]	嫌い[な]	싫어하다
じょうず[な]	上手[な]	잘하다, 능숙하다
へた[な]	下手[な]	서투르다, 못하다
のみもの	飲み物	마실 것
りょうり	料理	요리 (～をします：요리를 합니다)
スポーツ		스포츠 (～をします：스포츠를 합니다)
やきゅう	野球	야구 (～をします：야구를 합니다)
ダンス		댄스 (～をします：댄스를 합니다)
りょこう	旅行	여행 (～[を] します：여행을 합니다)
おんがく	音楽	음악
うた	歌	노래
クラシック		클래식
ジャズ		재즈
コンサート		콘서트
カラオケ		가라오케, 노래방
かぶき	歌舞伎	가부키 (일본 전통 연극의 하나)
え	絵	그림
じ*	字	글씨, 글자
かんじ	漢字	한자
ひらがな		히라가나
かたかな		가타카나
ローマじ*	ローマ字	로마자
こまかい おかね	細かい お金	잔돈
チケット		티켓, 표
じかん	時間	시간
ようじ	用事	볼일, 용무
やくそく	約束	약속 ([～を] します：약속을 합니다)

アルバイト		아르바이트 (～を します：아르바이트를 합니다)
ごしゅじん	ご主人	(남의) 남편
おっと／しゅじん	夫／主人	남편
おくさん	奥さん	부인
つま／かない	妻／家内	아내
こども	子ども	아이
よく		잘
だいたい		대충, 대체로
たくさん		많이
すこし	少し	조금
ぜんぜん	全然	전혀 (부정형과 함께 사용함)
はやく	早く、速く	일찍, 빨리
～から		～어서, ～기 때문에
どうして		왜

〈練習C〉

貸して ください。	빌려 주십시오.
いいですよ。	좋습니다.
残念です[が]	유감스럽습니다 [만]

〈会話〉

ああ	아
いっしょに いかがですか。	함께 어떻습니까?
[～は] ちょっと……。	[～는] 좀 ... (권유을 완곡하게 거절할 때 사용함)
だめですか。	안 됩니까?
また 今度 お願いします。	다음에 또 부탁합니다. (상대의 감정을 배려해서 권유를 간접적으로 거절할 때 사용함)

II. 번역

문형
1. 저는 이탈리아 요리를 좋아합니다.
2. 저는 일본어를 조금 압니다.
3. 오늘은 아이 생일이라서 일찍 귀가합니다.

예문
1. 술을 좋아합니까?
   ……아니요, 좋아하지 않습니다.
2. 어떤 스포츠를 좋아합니까?
   ……축구를 좋아합니다.
3. 카리나 씨는 그림을 잘 그립니까?
   ……네, [카리나 씨는] 매우 잘 그립니다.
4. 다나카 씨는 인도네시아어를 압니까?
   ……아니요, 전혀 모릅니다.
5. 잔돈이 있습니까?
   ……아니요, 없습니다.
6. 매일 아침 신문을 읽습니까?
   ……아니요, 시간이 없어서 읽지 않습니다.
7. 왜 어제 일찍 돌아갔습니까?
   ……볼일이 있어서요.

회화

유감스럽지만

기무라 : 네.
밀러 : 기무라 씨입니까? 밀러입니다.
기무라 : 아, 밀러 씨, 안녕하십니까? 잘 지내십니까?
밀러 : 네, 잘 지냅니다.
저, 기무라 씨, 클래식 콘서트 같이 가는 거 어떻습니까?
기무라 : 좋지요. 언제입니까?
밀러 : 다음 주 금요일 저녁입니다.
기무라 : 금요일요?
금요일 저녁은 좀 ...
밀러 : 안 됩니까?
기무라 : 네, 유감스럽지만, 친구와 약속이 있어서요 ...
밀러 : 그렇습니까?
기무라 : 네. 다음에 또 부탁합니다.

III. 참고 어휘와 정보

音楽・スポーツ・映画　음악, 스포츠, 영화

音楽　음악

ポップス	팝송
ロック	록
ジャズ	재즈
ラテン	라틴 음악
クラシック	클래식
民謡	민요
演歌	트로트
ミュージカル	뮤지컬
オペラ	오페라

映画　영화

SF	SF
ホラー	공포 영화
アニメ	애니메이션
ドキュメンタリー	다큐멘터리
恋愛	로맨스
ミステリー	미스터리
文芸	문예
戦争	전쟁
アクション	액션
喜劇	희극

スポーツ　스포츠

ソフトボール	소프트볼	野球	야구
サッカー	축구	卓球／ピンポン	탁구
ラグビー	럭비	相撲	스모
バレーボール	배구	柔道	유도
バスケットボール	농구	剣道	검도
テニス	테니스	水泳	수영
ボウリング	볼링		
スキー	스키		
スケート	스케이트		

IV. 문법 해설

1. | N が あります／わかります
   | N が 好きです／嫌いです／上手です／下手です |

   일부 동사와 형용사는 목적어를 「が」로 표시한다.
   ① わたしは イタリア料理が 好きです。　　저는 이탈리아 요리를 좋아합니다.
   ② わたしは 日本語が わかります。　　저는 일본어를 압니다.
   ③ わたしは 車が あります。　　저는 자동차가 있습니다.

2. | どんな N |

   「どんな」를 사용한 질문에 대해서는 제8과에서 학습한 대답 이외에 구체적인 이름을 대면서 대답할 수도 있다.
   ④ どんな スポーツが 好きですか。　　어떤 스포츠를 좋아합니까?
   　……サッカーが 好きです。　　……축구를 좋아합니다.

3. | よく／だいたい／たくさん／少し／あまり／全然 |

   이와 같은 부사들은 수식하는 동사 앞에 둔다.

	정도의 부사	양의 부사
긍정형과 같이 사용	よく　　わかります だいたい　わかります すこし　わかります	たくさん あります すこし　あります
부정형과 같이 사용	あまり　わかりません ぜんぜん わかりません	あまり　ありません ぜんぜん ありません

   ⑤ 英語が よく わかります。　　영어를 잘 압니다.
   ⑥ 英語が 少し わかります。　　영어를 조금 압니다.
   ⑦ 英語が あまり わかりません。　　영어를 별로 모릅니다.
   ⑧ お金が たくさん あります。　　돈이 많이 있습니다.
   ⑨ お金が 全然 ありません。　　돈이 전혀 없습니다.
   [주]「すこし」「ぜんぜん」「あまり」는 형용사도 수식한다.
   ⑩ ここは 少し 寒いです。　　여기는 조금 춥습니다.
   ⑪ あの 映画は 全然 おもしろくないです。
   　　저(그) 영화는 전혀 재미없습니다.

4. ~から、~

「から」 앞에서 말하는 내용은 뒤에서 말하는 내용의 이유이다.

⑫ 時間が ありませんから、新聞を 読みません。
　　시간이 없어서 신문을 읽지 않습니다.

「~から。」의 형태를 써서 이유를 덧붙이는 용법도 있다.

⑬ 毎朝 新聞を 読みますか。
　　……いいえ、読みません。時間が ありませんから。
　　매일 아침 신문을 읽습니까?
　　……아니요, 읽지 않습니다. 시간이 없어서요.

5. どうして

「どうして」는 이유를 묻는 의문사이다. 대답하는 문장 끝에는 「から」를 붙여서 이유를 서술한다.

⑭ どうして 朝 新聞を 読みませんか。
　　……時間が ありませんから。
　　왜 아침에 신문을 읽지 않습니까?
　　……시간이 없어서요.

상대가 말한 내용에 대한 이유를 물을 때는 상대의 말을 되풀이하는 대신 「どうしてですか」라고 말할 수도 있다.

⑮ きょうは 早く 帰ります。　　　　오늘은 일찍 귀가합니다.
　　……どうしてですか。　　　　　　……왜요?
　　子どもの 誕生日ですから。　　　아이 생일이라서요.

제 10 과

I. 어휘

あります		있습니다 (무생물, 움직이지 않는 것에 대해서 사용함)
います		있습니다 (생물, 움직이는 것에 대해서 사용함)
いろいろ[な]		여러 가지, 여러 가지로
おとこの ひと	男の 人	남자
おんなの ひと	女の 人	여자
おとこの こ	男の 子	남자 아이
おんなの こ	女の 子	여자 아이
いぬ	犬	개
ねこ	猫	고양이
パンダ		판다
ぞう	象	코끼리
き	木	나무
もの	物	물건
でんち	電池	전지
はこ	箱	상자
スイッチ		스위치
れいぞうこ	冷蔵庫	냉장고
テーブル		테이블
ベッド		침대
たな	棚	선반
ドア		도어
まど	窓	창문
ポスト		우체통
ビル		빌딩
ATM		ATM
コンビニ		편의점
こうえん	公園	공원
きっさてん	喫茶店	찻집, 커피숍, 다방
～や	～屋	～집, ～가게
のりば	乗り場	타는 곳, 승강장

けん	県	현
うえ	上	위
した	下	아래
まえ	前	앞
うしろ		뒤
みぎ	右	오른쪽
ひだり	左	왼쪽
なか	中	안, 속
そと*	外	밖, 바깥, 겉
となり	隣	이웃, 옆
ちかく	近く	근처
あいだ	間	사이

~や　~[など]　　　　　　　　　　　~과(이나) ~ [등]

〈会話〉
[どうも] すみません。　　　　　　[대단히] 감사합니다.
ナンプラー　　　　　　　　　　　남플라 (타이식 액젓)
コーナー　　　　　　　　　　　　코너
いちばん 下　　　　　　　　　　제일 밑

東京ディズニーランド　　　　　　도쿄디즈니랜드

アジアストア　　　　　　　　　　실제로 존재하지 않는 슈퍼마켓

II. 번역

문형
1. 저기 편의점이 있습니다.
2. 로비에 사토 씨가 있습니다.
3. 도쿄디즈니랜드는 지바현에 있습니다.
4. 가족은 뉴욕에 있습니다.

예문
1. 이 빌딩에 ATM이 있습니까?
 ……네, 2층에 있습니다.
2. 저기 남자가 있지요? 저 사람은 누구입니까?
 ……IMC의 마쓰모토 씨입니다.
3. 뜰에 누가 있습니까?
 ……아무도 없습니다. 고양이가 있습니다.
4. 상자 안에 무엇이 있습니까?
 ……오래된 편지와 사진[등]이 있습니다.
5. 우체국은 어디에 있습니까?
 ……역 근처입니다. 은행 앞에 있습니다.
6. 밀러 씨는 어디에 있습니까?
 ……회의실에 있습니다.

회화

남플라 있습니까?

밀러 : 저... 아시아스토어는 어디입니까?
여자 : 아시아스토어요?
 저기 하얀 빌딩이 있지요?
 그 빌딩 안에 있습니다.
밀러 : 그렇습니까? 감사합니다.
여자 : 아닙니다.
 ………………………………
밀러 : 저... 남플라 있습니까?
점원 : 네.
 저쪽에 타이 요리 코너가 있습니다.
 남플라는 제일 밑에 있습니다.
밀러 : 알겠습니다. 감사합니다.

III. 참고 어휘와 정보

うちの中　집 안
なか

① 玄関（げんかん）　현관
② トイレ　화장실
③ ふろ場（ば）　욕실
④ 洗面所（せんめんじょ）　세면장
⑤ 台所（だいどころ）　주방
⑥ 食堂（しょくどう）　식당
⑦ 居間（いま）　거실
⑧ 寝室（しんしつ）　침실
⑨ 廊下（ろうか）　복도
⑩ ベランダ　베란다

일본의 목욕법

① 욕조에 들어가기 전에 몸을 씻는다.

② 욕조 안에서는 비누나 샴푸를 사용하지 않는다. 욕조는 더운물 속에서 몸을 따뜻하게 하고 긴장을 풀기 위해서 사용한다.

③ 욕실을 나올 때는 다음에 들어가는 사람을 위해서 욕조 물은 버리지 말고, 욕조에 뚜껑을 덮고 나온다.

화장실 사용법

일본식　　　서양식

IV. 문법 해설

1. ┌─────────────────────┐
   │ Nが あります/います │
   └─────────────────────┘

「あります」「います」는 사물이나 사람 등의 존재를 나타낸다. 이 문장은 사물이나 사람이 존재하는 모습을 그대로 묘사해서 청자에게 전하는 문장이므로, 그 존재하는 것을 가리키는 명사에「が」를 붙여서 사용한다.

1) 「あります」는 사물, 식물 등의 존재물이 스스로 움직이지 않는 경우에 사용된다.
   ① コンピューターが あります。　　　컴퓨터가 있습니다.
   ② 桜が あります。　　　　　　　　벚꽃이 있습니다.
   ③ 公園が あります。　　　　　　　공원이 있습니다.

2) 「います」는 사람이나 동물과 같은 존재물이 스스로 움직이는 경우에 사용된다.
   ④ 男の 人が います。　　　　　　남자가 있습니다.
   ⑤ 犬が います。　　　　　　　　개가 있습니다.

2. ┌─────────────────────────┐
   │ 場所に Nが あります/います │
   └─────────────────────────┘

이 문형을 사용해서 어떤 장소에 무엇이, 또는 누가 존재하는가를 말한다.

1) 사물이나 사람이 존재하는 장소는 조사「に」로 표시한다.
   ⑥ わたしの 部屋に 机が あります。　제 방에 책상이 있습니다.
   ⑦ 事務所に ミラーさんが います。　사무실에 밀러 씨가 있습니다.

2) 존재하는 사물에 대해서 물을 때는 의문사「なに」를, 존재하는 사람에 대해서 물을 때는 의문사「だれ」를 사용한다.
   ⑧ 地下に 何が ありますか。　　　　지하에 무엇이 있습니까?
   　………レストランが あります。　　……레스토랑이 있습니다.
   ⑨ 受付に だれが いますか。　　　　접수대에 누가 있습니까?
   　……木村さんが います。　　　　　……기무라 씨가 있습니다.

[주] 위와 같은 예에 한하지 않고 의문사 뒤의 조사는「が」가 된다는 점에 주의한다.(×なには ×だれは)

3. ┌─────────────────────┐
   │ Nは 場所に あります/います │
   └─────────────────────┘

이것은 2.「場所に Nが あります/います」의 N(존재하는 것)을 주제로 하여 그것의 소재 위치를 말하는 문장이다. N은 뒤에「は」를 붙여서 문장 첫머리에 둔다. 이 N이 가리키는 대상은 화자와 청자 모두가 이미 알고 있는 것이어야 한다.
   ⑩ 東京ディズニーランドは 千葉県に あります。
   　도쿄디즈니랜드는 지바현에 있습니다.
   ⑪ ミラーさんは 事務所に います。　　밀러 씨는 사무실에 있습니다.
   ⑫ 東京ディズニーランドは どこに ありますか。
   　도쿄디즈니랜드는 어디에 있습니까?
   　……千葉県に あります。　　　　　　……지바현에 있습니다.

⑬　ミラーさんは　どこに　いますか。　　　밀러 씨는 어디에 있습니까?
　　……事務所に　います。　　　　　　　　……사무실에 있습니다.

[주] 이 문형은「N은 장소입니다」(제3과 참조)로 바꿔 말할 수 있다. 이 경우「です」앞에 오는 장소 의문사(どこ)나 명사(ちばけん) 뒤에「に」가 붙지 않는 점에 주의한다.

⑭　東京ディズニーランドは　どこですか。　도쿄디즈니랜드는 어디입니까?
　　……千葉県です。　　　　　　　　　　……지바현입니다.

4. N_1(사물/사람/장소)の N_2(위치)

「うえ」「した」「まえ」「うしろ」「みぎ」「ひだり」「なか」「そと」「となり」「ちかく」「あいだ」등과 같이 방향이나 위치를 나타내는 N_2가 N_1과의 위치 관계를 표시한다.

⑮　机の　上に　写真が　あります。　　　　책상 위에 사진이 있습니다.
⑯　郵便局は　銀行の　隣に　あります。　　우체국은 은행 옆에 있습니다.
⑰　本屋は　花屋と　スーパーの　間に　あります。
　　서점은 꽃집과 슈퍼 사이에 있습니다.

[주] 이것들은 장소를 나타내는 명사와 마찬가지로 조사「で」를 붙여서 동작이 행해지는 장소를 나타낼 수 있다.

⑱　駅の　近くで　友達に　会いました。　　역 근처에서 친구를 만났습니다.

5. N_1や N_2

제4과에서 학습한 조사「と」는 모든 명사를 병렬적으로 열거할 때 사용하지만, 조사「や」는 대표적인 것을 몇 개(2개 이상) 들어서 병렬적으로 열거할 때 사용한다. 마지막에 열거한 명사 뒤에「など」를 붙여서 열거한 명사들 이외에 다른 것도 있음을 명시하기도 한다.

⑲　箱の　中に　手紙や　写真が　あります。
　　상자 안에 편지와 사진이 있습니다.
⑳　箱の　中に　手紙や　写真などが　あります。
　　상자 안에 편지와 사진 등이 있습니다.

6. アジアストアですか

이 과의 회화 첫머리에는 다음과 같은 대사가 있다.

㉑　すみません。アジアストアは　どこですか。
　　……アジアストアですか。(中略) あの ビルの 中です。
　　저… 아시아스토어는 어디입니까?
　　……아시아소토어요? (중략) 저 빌딩 안에 있습니다.

실제의 회화에서는 이와 같이 질문에 바로 대답하지 않고 질문의 요점을 확인한 후에 대답하는 경우가 많다.

제 11 과

I. 어휘

います [こどもが〜]	[子どもが〜]	있습니다 [아이가 〜]
います [にほんに〜]	[日本に〜]	있습니다 [일본에 〜]
かかります		걸립니다, 듭니다 (시간이나 돈에 사용함)
やすみます [かいしゃを〜]	休みます [会社を〜]	쉽니다 [회사를 〜]
ひとつ	1つ	하나 (사물을 셀 때 사용함)
ふたつ	2つ	둘
みっつ	3つ	셋
よっつ	4つ	넷
いつつ	5つ	다섯
むっつ	6つ	여섯
ななつ	7つ	일곱
やっつ	8つ	여덟
ここのつ	9つ	아홉
とお	10	열
いくつ		몇
ひとり	1人	한 사람, 혼자
ふたり	2人	두 사람
−にん	−人	−명
−だい	−台	−대 (기계나 차를 셀 때 사용하는 조수사)
−まい	−枚	−장 (종이나 우표를 셀 때 사용하는 조수사)
−かい	−回	−회, −번
りんご		사과
みかん		귤
サンドイッチ		샌드위치
カレー[ライス]		카레[라이스]
アイスクリーム		아이스크림
きって	切手	우표
はがき		엽서
ふうとう	封筒	봉투

りょうしん	両親	부모, 부모님
きょうだい	兄弟	형제, 자매
あに	兄	형, 오빠
おにいさん*	お兄さん	형님, 오빠
あね	姉	누나, 언니
おねえさん*	お姉さん	누님, 언니
おとうと	弟	남동생
おとうとさん*	弟さん	남동생
いもうと	妹	여동생
いもうとさん*	妹さん	여동생
がいこく	外国	외국
りゅうがくせい	留学生	유학생
クラス		반, 클래스
－じかん	－時間	－시간
－しゅうかん	－週間	－주일
－かげつ	－か月	－개월
－ねん	－年	－년
～ぐらい		～정도
どのくらい		어느 정도
ぜんぶで	全部で	다 합해서
みんな		모두
～だけ		～뿐, ～만

〈練習C〉
かしこまりました。	알겠습니다.

〈会話〉
いい［お］天気ですね。	날씨가 좋군요.
お出かけですか。	외출합니까?
ちょっと ～まで。	잠깐 ～까지요 (～에 갑니다).
行ってらっしゃい。	다녀오십시오.
行って きます。	다녀오겠습니다.
船便	선편
航空便（エアメール）	항공편
お願いします。	부탁합니다.

オーストラリア	호주

II. 번역

문형
1. 회의실에 테이블이 7개 있습니다.
2. 저는 일본에 1년 있습니다.

예문
1. 사과를 몇 개 샀습니까?
   ……4개 샀습니다.
2. 80엔짜리 우표 5장하고 엽서 2장 주십시오.
   ……네. 다 합해서 500엔입니다.
3. 후지대학교에 외국인 선생이 있습니까?
   ……네, 3명 있습니다. 모두 미국 사람입니다.
4. 형제는 몇입니까?
   ……넷입니다. 누나(언니) 2명하고 형(오빠) 1명 있습니다.
5. 일주일에 몇 번 테니스를 칩니까?
   ……2번 정도 칩니다.
6. 다나카 씨는 얼마나 스페인어를 공부했습니까?
   ……3개월 공부했습니다.
   3개월뿐입니까? 잘 하시네요.
7. 오사카에서 도쿄까지 신칸센으로 얼마나 걸립니까?
   ……2시간 반 걸립니다.

회화

이거 부탁합니다

관리인 :	날씨가 좋군요. 외출합니까?
왕 :	네, 잠깐 우체국까지요.
관리인 :	그렇습니까? 다녀오십시오.
왕 :	다녀오겠습니다.
	…………………………………
왕 :	이거 호주까지 부탁합니다.
우체국 직원 :	네. 선편입니까, 항공편입니까?
왕 :	항공편은 얼마입니까?
우체국 직원 :	7,600엔입니다.
왕 :	선편은요?
우체국 직원 :	3,450엔입니다.
왕 :	얼마나 걸립니까?
우체국 직원 :	항공편으로 7일, 선편으로 2개월 정도입니다.
왕 :	그럼 선편으로 부탁합니다.

III. 참고 어휘와 정보

メニュー　　메뉴

定食	정식		
ランチ	런치		
天どん	튀김 덮밥		
親子どん	닭고기 계란 덮밥	カレーライス	카레라이스
牛どん	소고기 덮밥	ハンバーグ	햄버그스테이크
		コロッケ	크로켓
焼き肉	고기 구이, 불고기	えびフライ	새우튀김
野菜いため	야채 볶음	フライドチキン	닭튀김
漬物	절임	サラダ	샐러드
みそ汁	된장국	スープ	수프
おにぎり	주먹밥, 삼각김밥	スパゲッティ	스파게티
		ピザ	피자
		ハンバーガー	햄버거
		サンドイッチ	샌드위치
てんぷら	튀김	トースト	토스트
すし	초밥		
うどん	우동		
そば	메밀국수		
ラーメン	라면		
焼きそば	일본식 볶음국수		
お好み焼き	일본식 부침개	コーヒー	커피
		紅茶	홍차
		ココア	코코아
		ジュース	주스
		コーラ	콜라

IV. 문법 해설

1. 수량을 말하는 법
1) 1~10을 세는 법 ひとつ、ふたつ、……とお
   이것은 사물의 수를 세는 방법이다. 11 이상은 한자어 수사를 사용한다.
2) 여러 조수사
   사람이나 사물의 수를 세거나 수량을 나타낼 때는 세는 대상마다 다른 조수사가 사용된다. 조수사는 수사 뒤에 붙여서 사용한다.

   - 人(にん)   인원수. 단 혼자인 경우에는 「ひとり (1人)」, 2명인 경우에는 「ふたり (2人)」라고 한다. 「4人」는 「よにん」으로 읽는다.
   - 台(だい)   기계, 탈것
   - 枚(まい)   얇고 평평한 것. 종이, 셔츠, 접시, CD 등.
   - 回(かい)   횟수
   - 分(ふん)   -분
   - 時間(じかん) -시간
   - 日(にち)   -일. 날짜를 말하는 방법과 같은데, '1일'은 「ついたち」가 아니라 「いちにち」라고 한다.
   - 週間(しゅうかん) -주일
   - か月(げつ) -개월
   - 年(ねん)   -년

2. 수량사 사용법
1) 수량사 (수사에 조수사가 붙은 것) 는 원칙적으로 수량사의 종류를 결정하는 명사 + 조사 바로 뒤에 온다. 단, 시간의 길이를 나타내는 수량사는 이에 해당되지 않는 경우도 있다.
   ① りんごを 4つ 買いました。   사과를 4개 샀습니다.
   ② 外国人の 学生が 2人 います。   외국인 학생이 2명 있습니다.
   ③ 国で 2か月 日本語を 勉強しました。
      모국에서 2개월간 일본어를 공부했습니다.

2) 수를 묻는 법
   (1) いくつ
   1의 1)에서 수를 세는 방법을 배웠는데, 그 수를 물을 때는 「いくつ」를 사용한다.
   ④ みかんを いくつ 買いましたか。   귤을 몇 개 샀습니까?
      ……8つ 買いました。   ……8개 샀습니다.

   (2) なん+조수사
   1의 2)와 같은 조수사가 붙은 것의 수를 물을 때는 「なん+조수사」를 사용한다.

⑤ この 会社に 外国人が 何人 いますか。
　……5人 います。
　이 회사에 외국인이 몇 명 있습니까?
　……5명 있습니다.

⑥ 毎晩 何時間 日本語を 勉強しますか。
　……2時間 勉強します。
　매일 밤 몇 시간 일본어를 공부합니까?
　……2시간 공부합니다.

(3) どのくらい
　시간의 길이를 물을 때는「どのくらい」를 사용한다.

⑦ どのくらい 日本語を 勉強しましたか。
　……3年 勉強しました。
　얼마나 일본어를 공부했습니까?
　……3년 공부했습니다.

⑧ 大阪から 東京まで どのくらい かかりますか。
　……新幹線で 2時間半 かかります。
　오사카에서 도쿄까지 얼마나 걸립니까?
　……신칸센으로 2시간 반 걸립니다.

3) ～ぐらい
　「ぐらい」는 수량사 뒤에 붙어서 대략의 수를 나타낸다.

⑨ 学校に 先生が 30人ぐらい います。
　학교에 선생이 30명쯤 있습니다.

⑩ 15分ぐらい かかります。　　　　　　15분쯤 걸립니다.

3. 수량사(기간)に -回 V

빈도를 나타내는 표현이다.

⑪ 1か月に 2回 映画を 見ます。　　　한 달에 두 번 영화를 봅니다.

4. 수량사だけ／Nだけ

「だけ」는 수량사나 명사 뒤에 붙어서 '그 이상은 없다', '그 외에는 없다'라는 뜻을 나타낸다.

⑫ パワー電気に 外国人の 社員が 1人だけ います。
　파워전기에 외국인 사원이 딱 한 명 있습니다.

⑬ 休みは 日曜日だけです。　　　　　휴일은 일요일뿐입니다.

제 12 과

I. 어휘

かんたん[な]	簡単[な]	간단하다
ちかい	近い	가깝다
とおい*	遠い	멀다
はやい	速い、早い	빠르다, 이르다
おそい*	遅い	늦다, 느리다
おおい [ひとが〜]	多い [人が〜]	많다 [사람이 〜]
すくない* [ひとが〜]	少ない [人が〜]	적다 [사람이 〜]
あたたかい	暖かい、温かい	따뜻하다
すずしい	涼しい	선선하다, 서늘하다
あまい	甘い	달다
からい	辛い	맵다
おもい	重い	무겁다
かるい*	軽い	가볍다
いい [コーヒーが〜]		좋다 [커피가 〜] (복수의 대상 중에서 하나를 고를 때 사용함)
きせつ	季節	계절
はる	春	봄
なつ	夏	여름
あき	秋	가을
ふゆ	冬	겨울
てんき	天気	날씨
あめ	雨	비
ゆき	雪	눈
くもり	曇り	흐림
ホテル		호텔
くうこう	空港	공항
うみ	海	바다
せかい	世界	세계
パーティー		파티 (〜をします: 파티를 합니다)
[お]まつり	[お]祭り	축제

すきやき*	すき焼き	스키야키, 일본식 전골 (소고기와 야채를 냄비에 넣어 끓인 것)
さしみ*	刺身	생선회 (날 생선을 얇게 썬 것)
[お]すし		초밥 (식초로 간을 한 밥 위에 생선회를 얹은 것)
てんぷら		튀김 (해산물이나 야채에 튀김옷을 입혀서 튀긴 것)
ぶたにく*	豚肉	돼지고기
とりにく	とり肉	닭고기
ぎゅうにく	牛肉	소고기
レモン		레몬
いけばな	生け花	꽃꽂이 (～をします：꽃꽂이를 합니다)
もみじ	紅葉	단풍
どちら		어느 쪽
どちらも		양쪽 다, 모두
いちばん		제일, 가장
ずっと		훨씬
はじめて	初めて	처음으로

〈会話〉

ただいま。	다녀왔습니다.
お帰りなさい。	다녀왔습니까?
わあ、すごい 人ですね。	와, 굉장한 인파군요.
疲れました。	피곤합니다. / 지쳤습니다.

祇園祭	기온축제 (교토에서 제일 유명한 축제)
ホンコン	홍콩 (香港)
シンガポール	싱가포르
ABCストア	실제로 존재하지 않는 슈퍼마켓
ジャパン	실제로 존재하지 않는 슈퍼마켓

II. 번역

문형
1. 어제는 비가 왔습니다.
2. 어제는 추웠습니다.
3. 홋카이도는 규슈보다 큽니다.
4. 저는 1년 중에서 여름을 제일 좋아합니다.

예문
1. 교토는 조용했습니까?
   ……아니요, 조용하지 않았습니다.
2. 여행은 즐거웠습니까?
   ……네, 즐거웠습니다.
   날씨는 좋았습니까?
   ……아니요, 별로 좋지 않았습니다.
3. 어제 파티는 어땠습니까?
   ……매우 흥겨웠습니다. 여러 사람을 만났습니다.
4. 뉴욕은 오사카보다 춥습니까?
   ……네, 훨씬 춥습니다.
5. 공항까지 버스하고 전철 중에서 어느 쪽이 빠릅니까?
   ……전철이 더 빠릅니다.
6. 바다하고 산 중에서 어느 쪽을 더 좋아합니까?
   ……양쪽 다 좋아합니다.
7. 일본 요리[중]에서 무엇을 제일 좋아합니까?
   ……튀김을 제일 좋아합니다.

회화

기온축제는 어땠습니까?

밀러 :   다녀왔습니다.
관리인 : 다녀왔습니까?
밀러 :   이거 교토의 토산품입니다.
관리인 : 감사합니다.
         기온축제는 어땠습니까?
밀러 :   재미있었습니다.
         매우 흥겨웠습니다.
관리인 : 기온축제는 교토 축제 중에서 제일 유명하니까요.
밀러 :   그렇습니까?
         사진을 많이 찍었습니다. 이것입니다.
관리인 : 와, 굉장한 인파군요.
밀러 :   네. 조금 피곤합니다.

III. 참고 어휘와 정보

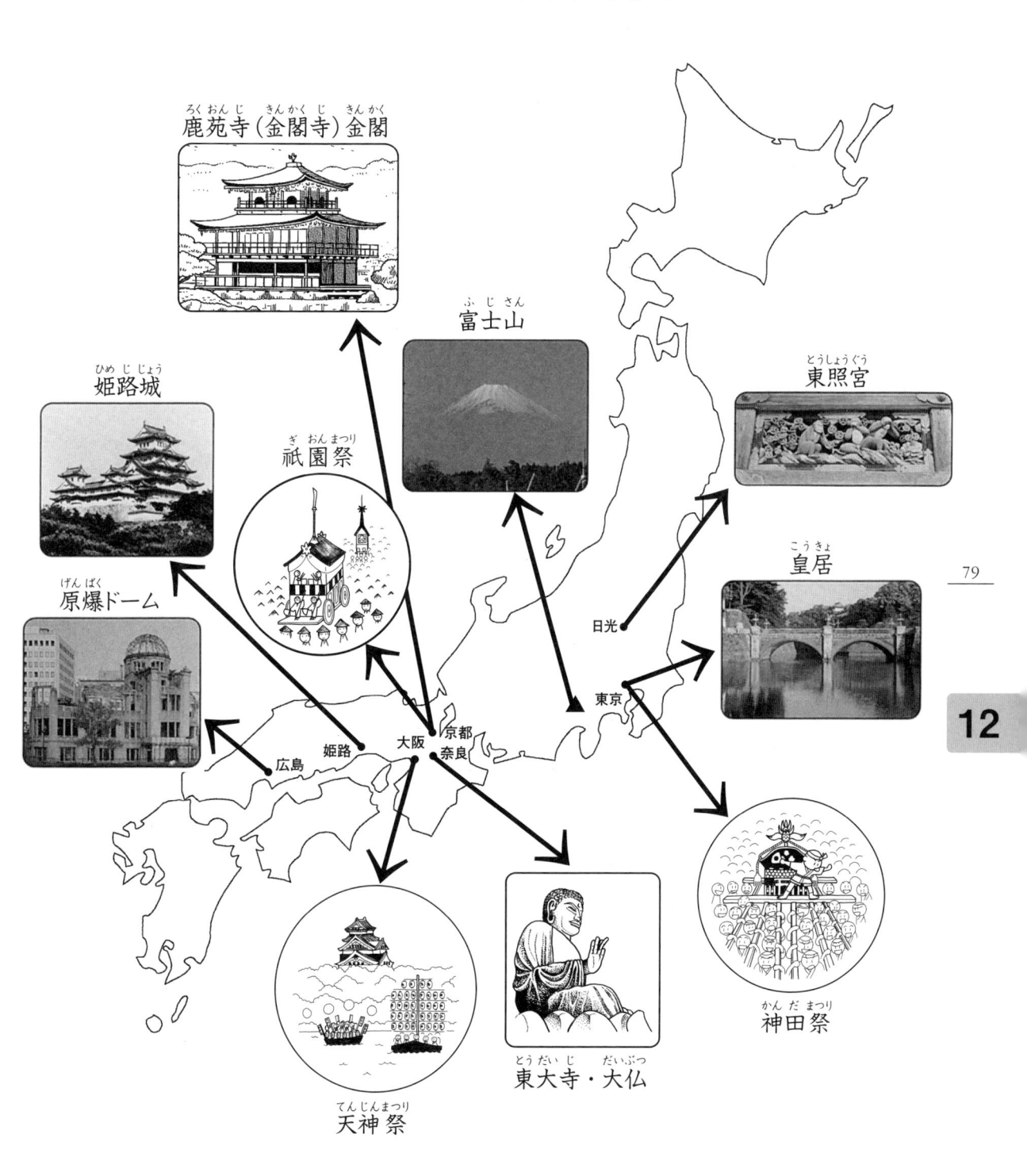

祭りと名所　축제와 명승지

- 鹿苑寺(金閣寺)金閣 — ろくおんじ きんかくじ きんかく
- 富士山 — ふじさん
- 東照宮 — とうしょうぐう
- 姫路城 — ひめじじょう
- 祇園祭 — ぎおんまつり
- 皇居 — こうきょ
- 原爆ドーム — げんばく
- 天神祭 — てんじんまつり
- 東大寺・大仏 — とうだいじ・だいぶつ
- 神田祭 — かんだまつり

地名: 広島、姫路、大阪、京都、奈良、日光、東京

IV. 문법 해설

1. 명사문・な형용사문의 시제, 긍정・부정

	비과거 (현재・미래)		과거	
긍정	명사 な형용사	あめ しずか }です	명사 な형용사	あめ しずか }でした
부정	명사 な형용사	あめ しずか }じゃ ありません (では)	명사 な형용사	あめ しずか }じゃ ありませんでした (では)

① きのうは 雨でした。　　　　　　　　　어제는 비가 왔습니다.
② きのうの 試験は 簡単じゃ ありませんでした。
　　어제 시험은 간단하지 않았습니다.

2. い형용사문의 시제, 긍정・부정

	비과거 (현재・미래)	과거
긍정	あついです	あつかったです
부정	あつくないです	あつくなかったです

③ きのうは 暑かったです。　　　　　　　어제는 더웠습니다.
④ きのうの パーティーは あまり 楽しくなかったです。
　　어제 파티는 별로 즐겁지 않았습니다.

3. N_1 は N_2 より adj です

명사₂를 기준으로 명사₁의 성질이나 상태를 말한다.
⑤ この 車は あの 車より 大きいです。　이 차는 저 차보다 큽니다.

4. N_1 と N_2 と どちらが adj ですか
　　……N_1／N_2 の ほうが adj です

2개 대상을 비교할 때는 그 대상이 어떤 것이든 의문사는「どちら」를 사용한다.
⑥ サッカーと 野球と どちらが おもしろいですか。
　　……サッカーの ほうが おもしろいです。
　　축구하고 야구 중에서 어느 쪽이 더 재미있습니까?
　　……축구가 더 재미있습니다.
⑦ ミラーさんと サントスさんと どちらが テニスが 上手ですか。
　　밀러 씨하고 산토스 씨 중에서 어느 쪽이 테니스를 잘 칩니까?
⑧ 北海道と 大阪と どちらが 涼しいですか。
　　홋카이도하고 오사카 중에서 어느 쪽이 더 서늘합니까?
⑨ 春と 秋と どちらが 好きですか。
　　봄하고 가을 중에서 어느 쪽을 더 좋아합니까?

5.
$$\text{N}_1[\text{の 中}]\text{で} \begin{Bmatrix} 何 \\ どこ \\ だれ \\ いつ \end{Bmatrix} \text{が いちばん adj ですか}$$
$$\cdots\cdots \text{N}_2 \text{ が いちばん adj です}$$

「で」는 범위를 나타낸다. N₁의 범위 안에서 형용사가 나타내는 상태나 성질의 정도가 최대인 사물, 장소, 사람, 시간 등을 물을 때, 의문사는 그 대상과 일치하는 것을 사용한다.

⑩ 日本料理[の 中]で 何が いちばん おいしいですか。
　　……てんぷらが いちばん おいしいです。
　　일본 요리 [중에서] 무엇이 제일 맛있습니까?
　　……튀김이 제일 맛있습니다.

⑪ ヨーロッパで どこが いちばん よかったですか。
　　……スイスが いちばん よかったです。
　　유럽에서 어디가 제일 좋았습니까?
　　……스위스가 제일 좋았습니다.

⑫ 家族で だれが いちばん 背が 高いですか。
　　……弟が いちばん 背が 高いです。
　　가족 중에서 누가 키가 제일 큽니까?
　　……남동생이 키가 제일 큽니다. (제 16 과 참조)

⑬ 1年で いつが いちばん 寒いですか。
　　……2月が いちばん 寒いです。
　　1년 중에서 언제가 제일 춥습니까?
　　……2월이 제일 춥습니다.

[주] 형용사문의 주어를 묻는 의문사 의문문에서도 의문사 뒤에는 조사 「が」를 사용한다. (제 10 과 참조)

6. adj の　(명사를 대신하는 「の」)

제 2과에서 「N₁の」 형태로 앞에 나온 명사 대신에 사용되는 「の」를 공부했다. 이 과의 예문에 나온 「あついの」는 「adjの」 형태인데, 이 「の」는 「N₁の」와 마찬가지로 명사를 대신하는 「の」이다.

⑭ カリナさんの かばんは どれですか。　카리나 씨 가방은 어느 것입니까?
　　……あの 赤くて、大きいのです。　　……저 빨갛고 큰 것입니다.

제 13 과

I. 어휘

あそびます	遊びます	놉니다
およぎます	泳ぎます	헤엄칩니다
むかえます	迎えます	맞이합니다
つかれます	疲れます	지칩니다, 피곤해집니다 (지금 지쳐 있는 상태를 나타낼 때는「つかれました」와 같이 た형을 사용함)
けっこんします	結婚します	결혼합니다
かいものします	買い物します	쇼핑합니다
しょくじします	食事します	식사합니다
さんぽします [こうえんを〜]	散歩します [公園を〜]	산책합니다 [공원을 〜]
たいへん[な]	大変[な]	힘들다
ほしい	欲しい	가지고 싶다
ひろい	広い	넓다
せまい	狭い	좁다
プール		수영장
かわ	川	강
びじゅつ	美術	미술
つり	釣り	낚시 (〜を します: 낚시를 합니다)
スキー		스키 (〜を します: 스키를 탑니다)
しゅうまつ	週末	주말
[お]しょうがつ	[お]正月	설, 정월
〜ごろ		〜경, 〜쯤
なにか	何か	무언가
どこか		어딘가

〈練習C〉

のどが かわきます	목이 마릅니다 (지금 목이 마른 상태를 나타낼 때는 「のどが かわきました」와 같이 た형을 사용함)
おなかが すきます	배가 고픕니다 (지금 배가 고픈 상태를 나타낼 때는 「おなかが すきました」와 같이 た형을 사용함)
そう しましょう。	그렇게 합시다. (상대의 제안에 동의했을 때 사용함)

〈会話〉

ご注文は?	무엇을 주문하시겠습니까?
定食	정식
牛どん	소고기덮밥
[少々] お待ち ください。	[잠깐] 기다리십시오.
～で ございます。	～입니다. (「です」의 정중한 표현)
別々に	따로따로

アキックス	실제로 존재하지 않는 회사
おはようテレビ	실제로 존재하지 않는 텔레비전 프로그램

II. 번역

문형
1. 저는 차를 가지고 싶습니다.
2. 저는 초밥을 먹고 싶습니다.
3. 저는 프랑스에 요리를 배우러 갑니다.

예문
1. 지금 무엇을 제일 가지고 싶습니까?
   ……새 휴대폰을 가지고 싶습니다.
2. 여름 방학(휴가)에는 어디에 가고 싶습니까?
   ……오키나와에 가고 싶습니다.
3. 오늘은 지쳤으니까 아무것도 하고 싶지 않습니다.
   ……그렇지요. 오늘 회의는 힘들었지요.
4. 주말에는 무엇을 합니까?
   ……아이와 고베에 배를 보러 갑니다.
5. 일본에 무슨 공부를 하러 왔습니까?
   ……미술 공부를 하러 왔습니다.
6. 겨울 방학(휴가)에는 어딘가에 갔습니까?
   ……네. 홋카이도에 스키를 타러 갔습니다.

회화

따로 따로 부탁합니다

야마다 :	벌써 12시인데요. 점심을 먹으러 가지 않겠습니까?
밀러 :	네.
야마다 :	어디로 갈까요?
밀러 :	글쎄요. 오늘은 일본 요리를 먹고 싶군요.
야마다 :	그럼 '쓰루야'에 갑시다.
	…………………………………
식당 사람 :	무엇을 주문하시겠습니까?
밀러 :	저는 튀김정식.
야마다 :	저는 소고기덮밥.
식당 사람 :	튀김정식과 소고기덮밥요? 잠깐 기다리십시오.
	…………………………………
식당 사람 :	1,680엔입니다.
밀러 :	미안하지만 따로 따로 부탁합니다.
식당 사람 :	네. 튀김정식은 980엔, 소고기덮밥은 700엔입니다.

III. 참고 어휘와 정보

町の中 （まちのなか） 시가지

博物館（はくぶつかん）	박물관	市役所（しやくしょ）	시청
美術館（びじゅつかん）	미술관	警察署（けいさつしょ）	경찰서
図書館（としょかん）	도서관	交番（こうばん）	파출소
映画館（えいがかん）	영화관	消防署（しょうぼうしょ）	소방서
動物園（どうぶつえん）	동물원	駐車場（ちゅうしゃじょう）	주차장
植物園（しょくぶつえん）	식물원		
遊園地（ゆうえんち）	놀이공원	大学（だいがく）	대학, 대학교
		高校（こうこう）	고등학교
お寺（てら）	절	中学校（ちゅうがっこう）	중학교
神社（じんじゃ）	신사	小学校（しょうがっこう）	소학교 (초등학교)
教会（きょうかい）	교회, 성당	幼稚園（ようちえん）	유치원
モスク	모스크		
		肉屋（にくや）	정육점
体育館（たいいくかん）	체육관	パン屋（や）	빵집
プール	수영장	魚屋（さかなや）	생선 가게
公園（こうえん）	공원	酒屋（さかや）	술 가게
		八百屋（やおや）	야채 가게
大使館（たいしかん）	대사관		
入国管理局（にゅうこくかんりきょく）	입국관리국	喫茶店（きっさてん）	찻집, 커피숍, 다방
		コンビニ	편의점
		スーパー	슈퍼마켓
		デパート	백화점

13

IV. 문법 해설

1. N が 欲しいです

「ほしい」는 い형용사이다. 「ほしい」의 목적어는 「が」로 표시한다.

① わたしは 友達が 欲しいです。 저는 친구를 가지고 싶습니다.
② 今 何が いちばん 欲しいですか。 지금 무엇을 제일 가지고 싶습니까?
   ……車が 欲しいです。 ……차를 가지고 싶습니다.
③ 子どもが 欲しいですか。 아이를 가지고 싶습니까?
   ……いいえ、欲しくないです。 ……아니요, 가지고 싶지 않습니다.

2. V ます形 たいです

1) V ます形

「ます」에 연결되는 형태(예: 「かいます」의 「かい」)를 「ます形」이라고 한다.

2) V ます形 たいです

「V ます形 たいです」는 어떤 행위를 하고 싶다는 욕구를 나타낼 때 사용한다. 「~たい」의 목적어는 조사 「を」로 표시할 수도 있고 「が」로 표시할 수도 있다. 「~たい」는 い형용사와 같은 활용을 한다.

④ わたしは 沖縄へ 行きたいです。 저는 오키나와에 가고 싶습니다.
⑤ わたしは てんぷらを 食べたいです。 저는 튀김을 먹고 싶습니다.
   　　　　　　　　(が)
⑥ 神戸で 何を 買いたいですか。 고베에서 무엇을 사고 싶습니까?
   　　　　(が)
   ……靴を 買いたいです。 ……신발을 사고 싶습니다.
   　　(が)

⑦ おなかが 痛いですから、何も 食べたくないです。
   배가 아파서 아무것도 먹고 싶지 않습니다. (제 17과 참조)

[주1] 「ほしいです」「~たいです」는 화자, 청자 이외의 제삼자의 욕구를 말할 수는 없다.

[주2] 「ほしいですか」「V ます形 たいですか」는 청자에게 무언가를 권하는 장면에서는 사용할 수 없다. 예를 들어 커피를 권하는 장면에서 「コーヒーが ほしいですか」「コーヒーが のみたいですか」라고 말하는 것은 적절하지 않다. 그런 장면에서는 「コーヒーは いかがですか」「コーヒーを のみませんか」와 같은 표현을 사용한다.

3. $\boxed{\text{N(장소)へ} \begin{Bmatrix} \text{Vます형} \\ \text{N} \end{Bmatrix} \text{に 行きます／来ます／帰ります}}$

「いきます」「きます」「かえります」의 동작의 목적은 「に」로 표시한다.
⑧ 神戸へ インド料理を 食べに 行きます。
　　고베에 인도 요리를 먹으러 갑니다.

「に」앞의 동사가「V します」(かいものします, べんきょうします) 또는「N を します」(おはなみを します, つりを します)인 경우에는「N に いきます／きます／かえります」라는 형태로 사용한다.

⑨ 神戸へ 買い物に 行きます。　　　　고베에 쇼핑하러 갑니다.
⑩ 日本へ 美術の 勉強に 来ました。　일본에 미술 공부를 하러 왔습니다.

[주] 축제나 콘서트 등 행사를 나타내는 명사가「に」앞에 올 때, 일반적으로 동작의 목적은 축제를 보거나 콘서트를 듣는 것으로 해석된다.

⑪ あした 京都の お祭りに 行きます。
　　내일 교토의 축제에 갑니다.

4. $\boxed{\text{どこか／何か}}$

「どこか」는 '어딘가', 「なにか」는 '무언가'라는 뜻이다. 「どこか」「なにか」뒤의 조사「へ」「を」는 생략할 수 있다.

⑫ 冬休みは どこか[へ] 行きましたか。
　　……はい。北海道へ スキーに 行きました。
　　겨울 방학(휴가)에는 어딘가[에] 갔습니까?
　　……네. 홋카이도에 스키를 타러 갔습니다.

[주] 시간을 나타내는 말에「は」를 붙여서 주제로 삼을 수 있다.

⑬ のどが かわきましたから、何か[を] 飲みたいです。
　　목이 말라서 무언가[를] 마시고 싶습니다.

5. $\boxed{\text{ご〜}}$

「ご」는 경의를 표시한다.
⑭ ご注文は？　　　　　　　　주문은요?
　　　　　　　　　　　　　　　(무엇을 주문하시겠습니까?)

제 14 과

I. 어휘

つけますⅡ		켭니다
けしますⅠ	消します	끕니다
あけますⅡ	開けます	엽니다
しめますⅡ	閉めます	닫습니다
いそぎますⅠ	急ぎます	서두릅니다
まちますⅠ	待ちます	기다립니다
もちますⅠ	持ちます	가집니다
とりますⅠ	取ります	집습니다
てつだいますⅠ	手伝います	돕습니다
よびますⅠ	呼びます	부릅니다
はなしますⅠ	話します	말합니다, 이야기합니다
つかいますⅠ	使います	사용합니다
とめますⅡ	止めます	멈춥니다, 세웁니다
みせますⅡ	見せます	보여줍니다
おしえますⅡ [じゅうしょを〜]	教えます [住所を〜]	가르칩니다 [주소를 〜]
すわりますⅠ	座ります	앉습니다
たちますⅠ*	立ちます	섭니다, 일어섭니다
はいりますⅠ [きっさてんに〜]	入ります [喫茶店に〜]	들어갑니다 [커피숍에 〜]
でますⅡ* [きっさてんを〜]	出ます [喫茶店を〜]	나옵니다, 나갑니다 [커피숍에서 〜]
ふりますⅠ [あめが〜]	降ります [雨が〜]	내립니다 [비가〜]
コピーしますⅢ		복사합니다
でんき	電気	전기, 전등
エアコン		에어컨
パスポート		여권
なまえ	名前	이름
じゅうしょ	住所	주소
ちず	地図	지도
しお	塩	소금
さとう	砂糖	설탕

もんだい	問題	문제
こたえ	答え	답
よみかた	読み方	읽는 법
〜かた	〜方	〜하는 방법
まっすぐ		똑바로
ゆっくり		천천히, 푹
すぐ		바로
また		다시, 또
あとで		나중에
もう すこし	もう 少し	조금 더
もう 〜		〜 더

〈練習C〉

さあ	자 (상대에게 권유하거나 재촉할 때 사용함)
あれ？	아니? (놀라거나 이상하게 생각했을 때 내는 소리)

〈会話〉

信号を 右へ 曲がって ください。	신호에서 오른쪽으로 가 주십시오.
これで お願いします。	이것으로 계산 부탁합니다.
お釣り	거스름돈

みどり町	실제로 존재하지 않는 동네

II. 번역

문형
1. 잠깐 기다려 주십시오.
2. 짐을 들어 드릴까요?
3. 밀러 씨는 지금 전화를 걸고 있습니다.

예문
1. 볼펜으로 이름을 써 주십시오.
   ……네, 알겠습니다.
2. 미안하지만 이 한자 읽는 법을 가르쳐 주십시오.
   ……「じゅうしょ」지요.
3. 덥군요. 창문을 열까요?
   ……감사합니다. 부탁합니다.
4. 역까지 마중 나갈까요?
   ……택시로 갈 거니까 괜찮습니다.
5. 사토 씨는 어디입니까?
   ……지금 회의실에서 마쓰모토 씨와 이야기하고 있습니다.
   그럼 나중에 다시 오겠습니다.
6. 비가 오고 있습니까?
   ……아니요, 오고 있지 않습니다.

회화

미도리초까지 부탁합니다

카리나 : 미도리초까지 부탁합니다.
운전기사 : 네.
   ………………………………
카리나 : 저기요... 저 신호에서 오른쪽으로 가 주십시오.
운전기사 : 오른쪽이지요?
카리나 : 네.
   ………………………………
운전기사 : 똑바로 갈까요?
카리나 : 네, 똑바로 가 주십시오.
   ………………………………
카리나 : 저 꽃집 앞에서 세워 주십시오.
운전기사 : 네.
   1,800 엔입니다.
카리나 : 이것으로 계산 부탁합니다.
운전기사 : 거스름돈 3,200 엔입니다. 감사합니다.

III. 참고 어휘와 정보

駅　역

切符売り場	매표소	特急	특급
自動券売機	자동발권기	急行	급행
精算機	정산기	快速	쾌속
改札口	개찰구	準急	준급행
出口	출구	普通	보통, 완행
入口	입구		
東口	동쪽 출입구	時刻表	시각표
西口	서쪽 출입구	～発	～발
南口	남쪽 출입구	～着	～착
北口	북쪽 출입구	[東京]行き	[도쿄]행
中央口	중앙 출입구		
		定期券	정기권
[プラット]ホーム	플랫폼, 홈	回数券	회수권
売店	매점	片道	편도
コインロッカー	보관함	往復	왕복
タクシー乗り場	택시 타는 곳		
バスターミナル	버스 터미널		
バス停	버스 정류장		

14

IV. 문법 해설

1. 동사의 그룹
   일본어의 동사는 활용을 하며, 활용형에 여러 후속 어구를 붙여서 여러 뜻의 문장을 만들 수 있다. 활용형에 따라서 3가지 그룹으로 나뉜다.
  1) Ⅰ그룹 동사
   이 그룹은 ます형의 마지막 음이 い열 음이다.
   예: か<u>き</u>ます 씁니다   の<u>み</u>ます 마십니다
  2) Ⅱ그룹 동사
   이 그룹은 ます형의 마지막 음이 え열 음인 것이 대부분인데, 일부 い열의 음인 것도 있다.
   예: た<u>べ</u>ます 먹습니다   み<u>せ</u>ます 보여줍니다   <u>み</u>ます 봅니다
  3) Ⅲ그룹 동사
   이 그룹에 속하는 동사는 「します」, 「동작성 N＋します」, 「きます」이다.

2. Ⅴて형
   「て」 또는 「で」로 끝나는 동사의 활용형을 「て형」이라고 부른다. ます형에서 て형을 만드는 방법은 동사 그룹에 따라 다음과 같다. (주교재 제14과 연습 A1 참조)
  1) Ⅰ그룹 동사
   (1) ます형의 마지막 음이 「い」「ち」「り」인 경우에는 「い」「ち」「り」를 삭제하고 「って」를 붙인다.
   예: か<u>い</u>ます (삽니다) →かって   ま<u>ち</u>ます (기다립니다) →まって
      か<u>え</u><u>り</u>ます (돌아갑니다, 들어갑니다) → かえって
   (2) ます형의 마지막 음이 「み」「び」「に」인 경우에는 「み」「び」「に」를 삭제하고 「んで」를 붙인다.
   예: の<u>み</u>ます (마십니다) →のんで   よ<u>び</u>ます (부릅니다) →よんで
      し<u>に</u>ます (죽습니다) →しんで
   (3) ます형의 마지막 음이 「き」「ぎ」인 경우에는 「き」「ぎ」를 삭제하고 각각 「いて」「いで」를 붙인다.
   예: か<u>き</u>ます (씁니다) →かいて
      いそ<u>ぎ</u>ます (서두릅니다) →いそいで
   단, 「いきます」 (갑니다)는 예외로 「いって」가 된다.
   (4) ます형의 마지막 음이 「し」인 경우에는 ます형에 「て」를 붙인다.
   예: か<u>し</u>ます (빌려줍니다) →かして
  2) Ⅱ그룹 동사
   ます형에 「て」를 붙인다.
   예: た<u>べ</u>ます (먹습니다) →たべて   み<u>せ</u>ます (보여줍니다) →みせて
      <u>み</u>ます (봅니다) →みて
  3) Ⅲ그룹 동사
   ます형에 「て」를 붙인다.
   예: きます (옵니다) →きて   します (합니다) →して
      さんぽします (산책합니다) →さんぽして

3. Vて형 ください   ~어 주십시오

이 문형은 상대에게 무언가를 지시, 의뢰하거나 권할 때 사용된다. 단, 의뢰할 때 사용하면 별로 정중한 표현이 아니므로, 아래 ①처럼 「すみません」과 같이 사용하는 경우가 많다.

① すみませんが、この 漢字の 読み方を 教えて ください。
　　미안하지만 이 한자 읽는 법을 가르쳐 주십시오. (의뢰)
② ボールペンで 名前を 書いて ください。
　　볼펜으로 이름을 써 주십시오. (지시)
③ どうぞ たくさん 食べて ください。　어서 많이 드십시오. (권유)

4. Vて형 います

이 문형은 어떤 동작이 계속 중임을 나타낸다.

④ ミラーさんは 今 電話を かけて います。
　　밀러 씨는 지금 전화를 걸고 있습니다.
⑤ 今 雨が 降って いますか。　　　　　지금 비가 내리고 있습니까?
　　……はい、降って います。　　　　……네, 내리고 있습니다.
　　……いいえ、降って いません。　　……아니요, 내리고 있지 않습니다.

5. Vます형 ましょうか   ~을까요?

이것은 화자가 상대를 위해서 무언가를 하겠다고 스스로 제안하는 표현이다.

⑥ あしたも 来ましょうか。　　　　　　내일도 올까요?
　　……ええ、10時に 来て ください。　……네, 10시에 와 주십시오.
⑦ 傘を 貸しましょうか。　　　　　　　우산을 빌려 드릴까요?
　　……すみません。お願いします。　　……미안합니다. 부탁합니다.
⑧ 荷物を 持ちましょうか。　　　　　　짐을 들어 드릴까요?
　　……いいえ、けっこうです。　　　　……아니요, 괜찮습니다.

6. Nが V

어떤 현상을 오관(눈, 귀 등)으로 느낀 대로 말하거나, 어떤 사건을 객관적으로 전할 때는 주어에 조사 「が」를 붙인다.

⑨ 雨が 降って います。　　　　　　　비가 내리고 있습니다.
⑩ ミラーさんが いませんね。　　　　　밀러 씨가 없네요.

7. すみませんが

⑪ すみませんが、塩を 取って ください。
　　미안하지만 소금을 집어 주십시오.
⑫ 失礼ですが、お名前は?　　　　　　　실례지만 성함은?

말을 걸 때 처음에 말하는 「すみませんが」「しつれいですが」와 같은 표현의 「が」는 역접의 뜻이 아니라 가벼운 전제를 나타낸다.

제 15 과

I. 어휘

おきます I	置きます	둡니다, 놓습니다
つくります I	作ります、造ります	만듭니다
うります I	売ります	팝니다
しります I	知ります	압니다
すみます I	住みます	삽니다
けんきゅうします III	研究します	연구합니다
しりょう	資料	자료
カタログ		카탈로그
じこくひょう	時刻表	시각표
ふく	服	옷
せいひん	製品	제품
ソフト		소프트웨어
でんしじしょ	電子辞書	전자 사전
けいざい	経済	경제
しやくしょ	市役所	시청
こうこう	高校	고등학교
はいしゃ	歯医者	치과 의사, 치과 의원
どくしん	独身	독신, 싱글
すみません		미안합니다./죄송합니다.

〈練習 C〉
皆さん   여러분

〈会話〉
思い出しますⅠ   생각납니다
いらっしゃいますⅠ   계십니다 (「います」의 존경어)

日本橋   오사카에 있는 쇼핑 구역 이름

みんなの インタビュー   실제로 존재하지 않는 텔레비전 프로그램

II. 번역

문형
1. 사진을 찍어도 됩니까?
2. 산토스 씨는 전자사전을 가지고 있습니다.

예문
1. 이 카탈로그를 가져도 됩니까?
   ……네, 좋습니다. 어서 가져 가십시오.
2. 이 사전을 빌려도 됩니까?
   ……미안합니다, 저 … 지금 쓰고 있습니다.
3. 여기서 놀면 안 됩니다.
   ……네.
4. 시청 전화번호를 압니까?
   ……아니요, 모르겠습니다.
5. 마리아 씨는 어디에 살고 있습니까?
   ……오사카에 살고 있습니다.
6. 왕 선생님은 결혼했습니까?
   ……아니요, 독신입니다.
7. 직업은 무엇입니까?
   ……교사입니다. 고등학교에서 가르치고 있습니다.

회화

가족은 어떻게 됩니까?

기무라 : 영화가 정말 좋았지요.
밀러 : 네. 저는 가족이 생각났습니다.
기무라 : 그렇습니까? 밀러 씨 가족은 어떻게 됩니까?
밀러 : 부모님과 누나가 하나 있습니다.
기무라 : 어디에 계십니까?
밀러 : 부모님은 뉴욕 근처에 살고 있습니다.
       누나는 런던에서 일하고 있습니다.
       기무라 씨 가족은요?
기무라 : 셋입니다. 아버지는 은행원입니다.
       어머니는 고등학교에서 영어를 가르치고 있습니다.

III. 참고 어휘와 정보

職業 (しょくぎょう)　직업

会社員 (かいしゃいん) 회사원	公務員 (こうむいん) 공무원	駅員 (えきいん) 역무원	銀行員 (ぎんこういん) 은행원	郵便局員 (ゆうびんきょくいん) 우체국 직원
店員 (てんいん) 점원	調理師 (ちょうりし) 조리사	理容師 (りようし) 이발사 / 美容師 (びようし) 미용사	教師 (きょうし) 교사	弁護士 (べんごし) 변호사
研究者 (けんきゅうしゃ) 연구자	医者 (いしゃ) / 看護師 (かんごし) 의사 / 간호사	運転手 (うんてんしゅ) 운전기사	警察官 (けいさつかん) 경찰관	外交官 (がいこうかん) 외교관
政治家 (せいじか) 정치가	画家 (がか) 화가	作家 (さっか) 작가	音楽家 (おんがくか) 음악가	建築家 (けんちくか) 건축가
エンジニア 기술자	デザイナー 디자이너	ジャーナリスト 저널리스트	歌手 (かしゅ) / 俳優 (はいゆう) 가수 / 배우	スポーツ選手 (せんしゅ) 운동선수

IV. 문법 해설

1. V て형も いいですか   ~어도 됩니까?

    이것은 허가를 구하는 표현이다.
    ① 写真を 撮っても いいですか。   사진을 찍어도 됩니까?

    이 표현으로 허가를 요청 받았을 때의 대답은 다음②③과 같다. 특히 허가하지 않는 경우에는 완곡한 대답을 하는 경우(②)와 금지 표현을 사용하는 경우(③ 및 아래 2를 참조)가 있다. 어느 경우에도 이유를 덧붙이는 일이 있다.

    ② ここで たばこを 吸っても いいですか。
    ……ええ、[吸っても] いいですよ。
    ……すみません、ちょっと……。のどが 痛いですから。
    여기서 담배를 피워도 됩니까?
    ……네, [피워도] 됩니다.
    ……미안하지만 좀... 목이 아파서요. (제 17 과 참조)

    ③ ここで たばこを 吸っても いいですか。
    ……ええ、[吸っても] いいですよ。
    ……いいえ、[吸っては] いけません。禁煙ですから。
    여기서 담배를 피워도 됩니까?
    ……네, [피워도] 됩니다.
    ……아니요, [피우면] 안 됩니다. 금연이거든요.

2. V て형は いけません   ~으면 안 됩니다

    이 표현은 금지의 뜻을 나타낸다.

    ④ ここで たばこを 吸っては いけません。禁煙ですから。
    여기서 담배를 피우면 안 됩니다. 금연이거든요.

    이 표현은 손아랫사람이 손윗사람에 대해서 사용할 수 없다.

3. V て형 います

    이 문형에는 제 14 과에서 배운 지속중인 동작을 나타내는 용법 외에 아래와 같은 용법이 있다.

    1) 상태를 나타낸다(주로「~て います」형태로 사용되는 동사)
    ⑤ わたしは 結婚して います。   저는 결혼했습니다.
    ⑥ わたしは 田中さんを 知って います。   저는 다나카 씨를 알고 있습니다.
    ⑦ わたしは カメラを 持って います。   저는 카메라를 가지고 있습니다.
    ⑧ わたしは 大阪に 住んで います。   저는 오사카에 살고 있습니다.

[주 1] 「しって います」의 부정형은 「しりません」이다. 「しって いません」라고는 말하지 않는 점에 주의한다.
⑨ 市役所の 電話番号を 知って いますか。　　시청 전화번호를 알고 있습니까?
　　……はい、知って います。　　　　　　　……네, 알고 있습니다.
　　……いいえ、知りません。　　　　　　　……아니요, 모르겠습니다.

[주 2] 「もって います」에는 지금 손에 들고 있다는 뜻과 소유하고 있다는 뜻이 있다.

2) 습관적인 행위(장기간에 걸쳐서 같은 동작이 거듭되고 있는 경우)나 직업, 신분을 나타낸다.
⑩ IMCは コンピューターソフトを 作って います。
　　IMC는 컴퓨터 소프트웨어를 만들고 있습니다.
⑪ スーパーで ナンプラーを 売って います。
　　슈퍼에서 남플라를 팔고 있습니다.
⑫ ミラーさんは IMCで 働いて います。
　　밀러 씨는 IMC에서 일하고 있습니다.
⑬ 妹は 大学で 勉強して います。
　　여동생은 대학에서 공부하고 있습니다.

4. Nに V

조사 「に」는 「はいります」 「すわります」 「のります(탑니다)」 (제16과 참조) 「のぼります(오릅니다, 올라갑니다)」 (제19과 참조) 「つきます(도착합니다)」 (제25과 참조) 등의 동사와 함께 사용되며, 그 동작의 결과로 주어가 존재하게 된 장소를 나타낸다.
⑭ ここに 入っては いけません。　　　　여기에 들어가면 안 됩니다.
⑮ ここに 座っても いいですか。　　　　여기에 앉아도 됩니까?
⑯ 京都駅から 16番の バスに 乗って ください。
　　교토역에서 16번 버스를 타십시오. (제16과 참조)

5. N₁に N₂を V

조사 「に」는 동작을 한 결과 N₂가 존재하게 된 장소(N₁)를 나타낸다.
⑰ ここに 車を 止めて ください。　　　　여기에 차를 세워 주십시오.
⑱의 「に」도 비슷한 기능을 지닌다.
⑱ ここに 住所を 書いて ください。　　　여기에 주소를 써 주십시오.

제 16 과

I. 어휘

のりますⅠ ［でんしゃに～］	乗ります ［電車に～］	탑니다 [전철을 ～]
おりますⅡ ［でんしゃを～］	降ります ［電車を～］	내립니다 [전철에서 ～]
のりかえますⅡ	乗り換えます	갈아탑니다
あびますⅡ ［シャワーを～］	浴びます	끼얹습니다 [샤워를 ～ (= 샤워를 합니다)]
いれますⅡ	入れます	넣습니다
だしますⅠ	出します	냅니다, 보냅니다 (편지를 ～)
おろしますⅠ ［おかねを～］	下ろします ［お金を～］	찾습니다, 인출합니다 [돈을 ～]
はいりますⅠ ［だいがくに～］	入ります ［大学に～］	들어갑니다 [대학에 ～]
でますⅡ ［だいがくを～］	出ます ［大学を～］	나옵니다 [대학을 ～]
おしますⅠ	押します	누릅니다, 밉니다 (도어를 ～)
のみますⅠ	飲みます	마십니다 (술을 ～)
はじめますⅡ	始めます	시작합니다
けんがくしますⅢ	見学します	견학합니다
でんわしますⅢ	電話します	전화합니다
わかい	若い	젊다
ながい	長い	길다
みじかい	短い	짧다
あかるい	明るい	밝다
くらい	暗い	어둡다
からだ*	体	몸
あたま	頭	머리
かみ	髪	머리카락
かお*	顔	얼굴
め	目	눈
みみ*	耳	귀
はな*	鼻	코
くち*	口	입
は*	歯	이
おなか*		배
あし*	足	다리, 발
せ	背	키

サービス		서비스
ジョギング		조깅 (～をします：조깅을 합니다)
シャワー		샤워
みどり	緑	녹색, 녹지, 푸른 식물
[お]てら	[お]寺	절
じんじゃ	神社	신사
－ばん	－番	－번
どうやって		어떻게
どの ～		어느 ～ (선택지가 3개 이상 있을 때 말함)
どれ		어느 것 (선택지가 3개 이상 있을 때 말함)

〈練習 C〉
すごいですね。　　　　　　　　　　　대단하네요.
[いいえ，] まだまだです。　　　　　　[아니요,] 아직 멀었습니다.

〈会話〉
お引き出しですか。　　　　　　　　　인출입니까?
まず　　　　　　　　　　　　　　　　먼저, 우선
次に　　　　　　　　　　　　　　　　다음에
キャッシュカード　　　　　　　　　　현금카드
暗証番号　　　　　　　　　　　　　　비밀번호
金額　　　　　　　　　　　　　　　　금액
確認　　　　　　　　　　　　　　　　확인 (～します：확인합니다)
ボタン　　　　　　　　　　　　　　　버튼

JR　　　　　　　　　　　　　　　　　동일본 여객철도 주식회사
雪祭り　　　　　　　　　　　　　　　눈축제
バンドン　　　　　　　　　　　　　　반둥 (인도네시아의 지명)
フランケン　　　　　　　　　　　　　프랑켄 (독일의 지명)
ベラクルス　　　　　　　　　　　　　베라크루스 (멕시코의 지명)
梅田　　　　　　　　　　　　　　　　오사카의 지명

大学前　　　　　　　　　　　　　　　실제로 존재하지 않는 정류장

II. 번역

문형
1. 아침에 조깅을 하고 샤워를 하고 회사에 갑니다.
2. 콘서트가 끝나고 나서 레스토랑에서 식사했습니다.
3. 오사카는 음식이 맛있습니다.
4. 이 방은 넓고 밝습니다.

예문
1. 어제 무엇을 했습니까?
   ……도서관에 가서 책을 빌리고, 그 다음에 친구를 만났습니다.
2. 대학까지 어떻게 갑니까?
   ……교토역에서 16번 버스를 타고 대학 앞에서 내립니다.
3. 지금부터 오사카성을 견학합니까?
   ……아니요. 점심을 먹고 나서 견학합니다.
4. 마리아 씨는 어느 사람입니까?
   ……저 머리카락이 긴 사람입니다.
5. 다로의 자전거는 어느 것입니까?
   ……저 푸르고 새로운 자전거입니다.
6. 나라는 어떤 도시입니까?
   ……조용하고 아름다운 도시입니다.
7. 저 사람은 누구입니까?
   ……카리나 씨입니다. 인도네시아인이고 후지대학교의 유학생입니다.

회화

사용법을 가르쳐 주십시오

마리아 : 미안하지만 사용법을 좀 가르쳐 주십시오.
은행원 : 인출입니까?
마리아 : 그렇습니다.
은행원 : 그럼 먼저 여기를 누르십시오.
마리아 : 네.
은행원 : 다음에 현금카드를 여기에 넣고 비밀번호를 누르십시오.
마리아 : 네.
　　　　 눌렀습니다.
은행원 : 그럼 금액을 누르십시오.
마리아 : 5만엔인데요, 5...
은행원 : 이 '만', '엔'을 누릅니다.
　　　　 그리고 나서 이 '확인' 버튼을 누르십시오.
마리아 : 네. 대단히 감사합니다.

III. 참고 어휘와 정보

ATMの 使い方　현금 자동 입출금기 사용법

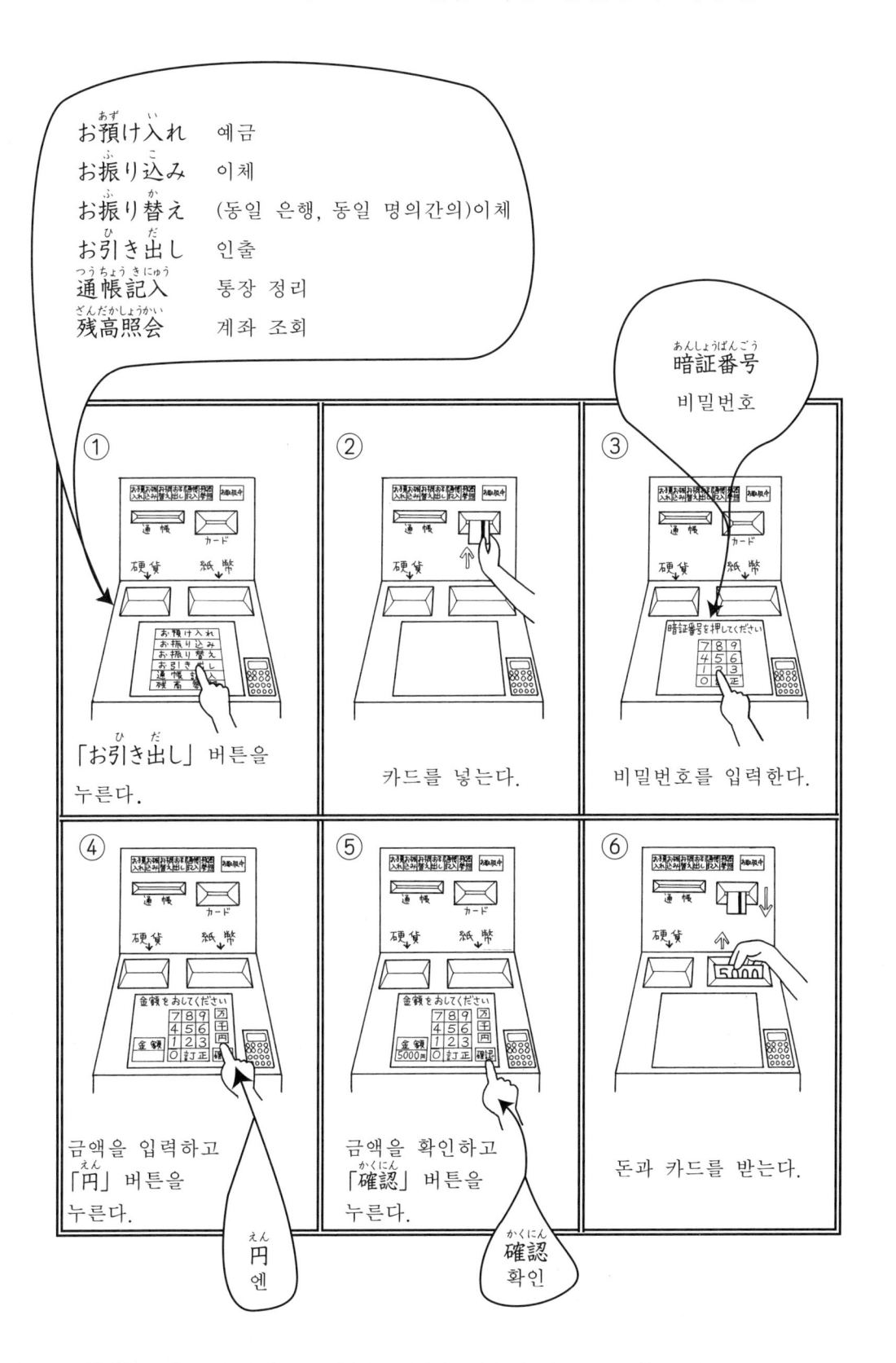

お預け入れ　예금
お振り込み　이체
お振り替え　(동일 은행, 동일 명의간의)이체
お引き出し　인출
通帳記入　통장 정리
残高照会　계좌 조회

暗証番号
비밀번호

① 「お引き出し」버튼을 누른다.

② 카드를 넣는다.

③ 비밀번호를 입력한다.

④ 금액을 입력하고 「円」버튼을 누른다.

円
엔

⑤ 금액을 확인하고 「確認」버튼을 누른다.

確認
확인

⑥ 돈과 카드를 받는다.

IV. 문법 해설

1. 2개 이상의 문장을 연결하는 법
2개 이상의 문장을 「~て(で)」로 연결해서 하나의 문장으로 만들 수 있다.

1) V₁ て형, [V₂ て형,] V₃
   연속적으로 일어나는 2개 이상의 동작을 말할 때 그 동작의 순서대로 て형을 사용해서 열거한다. 시제는 마지막 동사의 시제에 의해서 결정된다.
   ① 朝 ジョギングを して、シャワーを 浴びて、会社へ 行きます。
      아침에 조깅을 하고, 샤워를 하고, 회사에 갑니다.
   ② 神戸へ 行って、映画を 見て、お茶を 飲みました。
      고베에 가서, 영화를 보고, 차를 마셨습니다.

2) い-adj (~い) → ~くて
   おおきーい → おおきーくて   크다
   ちいさーい → ちいさーくて   작다
   いーい   →   よーくて(예외)   좋다
   ③ ミラーさんは 若くて、元気です。   밀러 씨는 젊고 건강합니다.
   ④ きのうは 天気が よくて、暑かったです。 어제는 날씨가 좋고 더웠습니다.

3) な-adj [な] → ~で
   ⑤ ミラーさんは ハンサムで、親切です。   밀러 씨는 잘생겼고 친절합니다.
   ⑥ 奈良は 静かで、きれいな 町です。
      나라는 조용하고 아름다운 도시입니다.
   [주] 「~て(で)」를 사용해서 주어가 같은 형용사문을 연결하는 경우, 화자의 평가가 다른 문장은 연결할 수 없다.
      ×この 部屋は 狭くて、きれいです。
      ○この 部屋は 狭いですが、きれいです。 이 방은 좁지만 깨끗합니다.

4) N で
   ⑦ カリナさんは インドネシア人で、富士大学の 留学生です。
      카리나 씨는 인도네시아 사람이고, 후지대학교의 유학생입니다.
   ⑧ カリナさんは 学生で、マリアさんは 主婦です。
      카리나 씨는 학생이고, 마리아 씨는 주부입니다.

2. V₁ て형から、V₂

이 문형은 V₂가 V₁보다 나중에 행해짐을 나타낸다. 그래서 V₁은 V₂를 하기 위한 전제이거나, 준비를 하기 위한 동작인 경우가 많다. 시제는 마지막 동사의 시제에 의해서 결정된다.
   ⑨ お金を 入れてから、ボタンを 押して ください。
      돈을 넣은 후에 버튼을 누르십시오.
   또한 「V て형から」의 주어는 「が」로 표시한다.

⑩ もう 昼ごはんを 食べましたか。
　……この 仕事が 終わってから、食べます。
　벌써 점심을 먹었습니까?
　……이 일이 끝난 후에 먹습니다.

3. N₁は N₂が adj

이 문형은 주제(N₁)가 「N₂が adj」라는 성질을 지니고 있음을 나타낸다.
⑪ 大阪は 食べ物が おいしいです。　　오사카는 음식이 맛있습니다.
⑫ ドイツの フランケンは ワインが 有名です。
　독일의 프랑켄은 와인이 유명합니다.
⑬ マリアさんは 髪が 長いです。　　마리아 씨는 머리카락이 깁니다.

4. Nを V

「でます」「おります」와 같은 동사는 조사「を」와 함께 사용된다. 이「を」는 시작점, 출발점을 나타낸다.
⑭ 7時に うちを 出ます。　　7시에 집을 나섭니다.
⑮ 梅田で 電車を 降りました。　　우메다에서 전철을 내렸습니다.

5. どうやって

「どうやって」는 찾아가는 길이나 방법을 물을 때 사용한다.
⑯ 大学まで どうやって 行きますか。
　……京都駅から 16番の バスに 乗って、大学前で 降ります。
　대학까지 어떻게 갑니까?
　……교토역에서 16번 버스를 타고 대학 앞에서 내립니다.

6. どれ／どの N

「どれ」는 구체적으로 제시된 3개 이상의 것들 중에서 특정한 하나를 고를 것을 요구하는 의문사이다.
⑰ ミラーさんの 傘は どれですか。　　밀러 씨 우산은 어느 것입니까?
　……あの 青い 傘です。　　……저 파란 우산입니다.
「どれ」는 직접 명사를 수식할 수 없다. 명사를 수식할 때는「どの」를 사용한다.
⑱ サントスさんは どの 人ですか。
　……あの 背が 高くて、髪が 黒い 人です。
　산토스 씨는 어느 사람입니까?
　……저 키가 크고 머리카락이 까만 사람입니다.

제 17 과

I. 어휘

おぼえますⅡ	覚えます	외웁니다
わすれますⅡ	忘れます	잊어버립니다
なくしますⅠ		잃어버립니다
はらいますⅠ	払います	지불합니다
かえしますⅠ	返します	돌려줍니다
でかけますⅡ	出かけます	외출합니다
ぬぎますⅠ	脱ぎます	벗습니다 (옷, 신발 등을 ~)
もって いきますⅠ	持って 行きます	가지고 갑니다
もって きますⅢ	持って 来ます	가지고 옵니다
しんぱいしますⅢ	心配します	걱정합니다
ざんぎょうしますⅢ	残業します	야근합니다, 시간외 근무를 합니다
しゅっちょうしますⅢ	出張します	출장합니다
のみますⅠ ［くすりを～］	飲みます ［薬を～］	먹습니다 ［약을 ~］
はいりますⅠ ［おふろに～］	入ります	들어갑니다 ［목욕물에 ~］
たいせつ［な］	大切［な］	소중하다
だいじょうぶ［な］	大丈夫［な］	괜찮다
あぶない	危ない	위험하다
きんえん	禁煙	금연
［けんこう］ ほけんしょう	［健康］保険証	［건강］보험증
ねつ	熱	열
びょうき	病気	병
くすり	薬	약
［お］ふろ		목욕탕
うわぎ	上着	겉옷, 윗도리
したぎ	下着	속옷

2、3にち	2、3日	2, 3일
2、3~		2, 3~ (뒤에 조수사를 사용함)

~までに　　　　　　　　　　　~까지 (시간 제한을 나타냄)
ですから　　　　　　　　　　　그러니까, 그래서

〈会話〉

どう しましたか。　　　　　　어떻게 오셨습니까?
のど　　　　　　　　　　　　　목
[~が] 痛いです。　　　　　　 [~이] 아픕니다.
かぜ　　　　　　　　　　　　　감기
それから　　　　　　　　　　　그리고, 그리고 나서
お大事に。　　　　　　　　　　몸조리 잘 하십시오. (병을 앓거나 다친 사람에게 하는 말)

II. 번역

문형
1. 사진을 찍지 마십시오.
2. 여권을 보여줘야 합니다.
3. 일요일은 일찍 일어나지 않아도 됩니다.

예문
1. 거기에 차를 세우지 마십시오.
   ……미안합니다.
2. 벌써 12시인데요. 혼자서 괜찮습니까?
   ……네, 걱정하지 마십시오. 택시로 돌아갈 거니까요.
3. 오늘 저녁에 한잔 하러 가지 않겠습니까?
   ……미안합니다. 내일부터 홍콩에 출장 가야 합니다. 그래서 일찍 들어가겠습니다.
4. 아이도 돈을 내야 합니까?
   ……아니요, 내지 않아도 됩니다.
5. 리포트는 언제까지 내야 합니까?
   ……금요일까지 내십시오.

회화

어떻게 오셨습니까?

의사 :	어떻게 오셨습니까?
마쓰모토 :	어제부터 목이 아프고 열도 조금 있습니다.
의사 :	그렇습니까? 입을 좀 벌리십시오.
	…………………………………………
의사 :	감기군요. 2, 3일간 푹 쉬십시오.
마쓰모토 :	저, 내일부터 도쿄에 출장 가야 합니다.
의사 :	그럼 오늘은 약을 먹고 일찍 주무십시오.
마쓰모토 :	네.
의사 :	그리고 오늘 저녁은 목욕하지 마십시오.
마쓰모토 :	네, 알겠습니다.
의사 :	그럼 몸조리 잘 하십시오.
마쓰모토 :	대단히 감사합니다.

III. 참고 어휘와 정보

体・病気 (からだ・びょうき)　몸, 질환

どう しましたか。	어떻게 오셨습니까?
頭が 痛い	머리가 아프다
おなかが 痛い	배가 아프다
歯が 痛い	이가 아프다
熱が あります	열이 있습니다
せきが 出ます	기침이 납니다
鼻水が 出ます	콧물이 나옵니다
血が 出ます	피가 납니다
吐き気が します	구역질이 납니다
寒気が します	오한이 납니다
めまいが します	현기증이 납니다
下痢を します	설사를 합니다
便秘を します	변비를 합니다
けがを します	다칩니다
やけどを します	화상을 입습니다
食欲が ありません	식욕이 없습니다
肩が こります	어깨가 결립니다
体が だるい	몸이 나른하다
かゆい	가렵다

身体 부위 (그림 라벨): かお, あたま, め, はな, かみ, くち, みみ, あご, のど, むね, かた, うで, くび, せなか, ゆび, て, ひじ, こし, つめ, ひざ, おなか, ほね, あし, しり

かぜ	감기
インフルエンザ	유행성 감기
盲腸	맹장염
ぎっくり腰	급성 요통
ねんざ	염좌, 관절을 삐는 것
骨折	골절
二日酔い	숙취

IV. 문법 해설

1. V ない형

「ない」에 연결하는 형태(예:「かかない」의「かか」)를「ない형」이라고 한다. ます형에서 ない형을 만드는 방법은 동사의 그룹에 따라서 다음과 같다. (주교재 제17과 연습 A1 참조)

1) Ⅰ그룹 동사
ます형의 마지막 음은 い열인데, 이것을 あ열 음으로 바꾼다. 단, ます형의 마지막 음이 모음「い」가 되는 동사(かいます, あいます 등)는「あ」가 아니라「わ」로 바꾼다.

かき－ます	→	かか－ない	いそぎ－ます	→	いそが－ない
よみ－ます	→	よま－ない	あそび－ます	→	あそば－ない
とり－ます	→	とら－ない	まち－ます	→	また－ない
すい－ます	→	すわ－ない	はなし－ます	→	はなさ－ない

2) Ⅱ그룹 동사
「ます」형과 같은 형태이다.
たべ－ます → たべ－ない
み－ます → み－ない

3) Ⅲ그룹 동사
べんきょうし－ます → べんきょうし－ない
し－ます → し－ない
き－ます → こ－ない

2. ⬛ V ない형ないで ください ⬛　～지 마십시오

이 문형은 상대에게 그렇게 하지 말 것을 의뢰하거나 지시할 때 사용한다.

① ここで 写真を 撮らないで ください。
　여기서 사진을 찍지 마십시오.

또한 그럴 필요가 없다고 상대를 배려하는 태도를 나타낼 수 있다.

② わたしは 元気ですから、心配しないで ください。
　저는 건강하니까 걱정하지 마십시오.

3. ⬛ V ない형なければ なりません ⬛　～어야 합니다

이 문형은 무언가를 해야 함을 나타낸다. 부정형이 아니라는 점에 주의한다.

③ 薬を 飲まなければ なりません。　　약을 먹어야 합니다.

4. ┃V ない형 なくても いいです┃   ~지 않아도 됩니다

이 문형은 무언가를 할 필요가 없음을 나타낸다.

④ あした 来なくても いいです。　　　　　내일 오지 않아도 됩니다.

5. 목적어의 주제화

「N を V」의 N(직접목적어)를 주제로 바꾸어서 말할 때는, 조사 「を」를 삭제한 후에 조사 「は」를 붙여서 문장 첫머리에 둔다.

　　ここに 荷物を 置かないで ください。　　여기에 짐을 놓지 마십시오.
　　荷物を~~を~~は ここに 置かないで ください。
⑤ 荷物は ここに 置かないで ください。　　짐은 여기에 놓지 마십시오.
　　会社の 食堂で 昼ごはんを 食べます。
　　회사 식당에서 점심을 먹습니다.
　　昼ごはん~~を~~は 会社の 食堂で 食べます。
⑥ 昼ごはんは 会社の 食堂で 食べます。
　　점심은 회사 식당에서 먹습니다.

6. ┃N(시간)までに V┃

동작이나 사건의 기한을 나타낸다.

⑦ 会議は 5時までに 終わります。　　　　회의는 5시까지 끝납니다.
⑧ 土曜日までに 本を 返さなければ なりません。
　　토요일까지 책을 돌려 주어야 합니다.

[주] 제4과에서 배운 조사 「まで」는 계속되는 동작의 종료점을 나타낸다. 형태가 비슷하므로 주의해야 한다.

⑨ 5時まで 働きます。　　　　　　　　　　5시까지 일합니다.

제 18 과

I. 어휘

できますⅡ		할 수 있습니다, 할 줄 압니다
あらいますⅠ	洗います	씻습니다
ひきますⅠ	弾きます	칩니다 (현악기나 피아노를 연주한다는 뜻임)
うたいますⅠ	歌います	노래합니다
あつめますⅡ	集めます	모읍니다
すてますⅡ	捨てます	버립니다
かえますⅡ	換えます	바꿉니다
うんてんしますⅢ	運転します	운전합니다
よやくしますⅢ	予約します	예약합니다
ピアノ		피아노
－メートル		－미터
げんきん	現金	현금
しゅみ	趣味	취미
にっき	日記	일기
おいのり	お祈り	기도 (～を します：기도합니다)
かちょう	課長	과장
ぶちょう	部長	부장
しゃちょう*	社長	사장
どうぶつ	動物	동물
うま	馬	말
インターネット		인터넷

〈会話〉
特に	특히
へえ	허 (감동하거나 놀랐을 때 사용함)
それは おもしろいですね。	그거 재미있네요.
なかなか	좀처럼 (부정형과 같이 사용함)
ほんとうですか。	정말입니까?
ぜひ	꼭

故郷	"후루사토" (노래 제목. 고향이라는 뜻임)
ビートルズ	비틀즈 (영국의 음악 그룹)
秋葉原	도쿄에 있는 거리 이름

II. 번역

문형
1. 밀러 씨는 한자를 읽을 수 있습니다.
2. 제 취미는 영화를 보는 것입니다.
3. 자기 전에 일기를 씁니다.

예문
1. 차를 운전할 수 있습니까?
   ……네, 할 수 있습니다.
2. 마리아 씨는 자전거를 탈 수 있습니까?
   ……아니요, 탈 수 없습니다.
3. 오사카성은 몇 시까지 견학할 수 있습니까?
   ……5 시까지입니다.
4. 카드로 지불할 수 있습니까?
   ……미안하지만 현금으로 부탁합니다.
5. 취미는 무엇입니까?
   ……오래된 시계를 모으는 일입니다.
6. 일본 아이들은 학교에 들어가기 전에 히라가나를 외워야 합니까?
   ……아니요, 외우지 않아도 됩니다.
7. 식사 전에 이 약을 드십시오.
   ……네, 알겠습니다.
8. 언제 결혼했습니까?
   ……3년 전에 했습니다.

회화

취미는 무엇입니까?

야마다 : 산토스 씨 취미는 무엇입니까?
산토스 : 사진입니다.
야마다 : 어떤 사진을 찍습니까?
산토스 : 동물 사진입니다. 특히 말을 좋아합니다.
야마다 : 허, 그거 재미있네요.
         일본에 온 후에 말 사진을 찍었습니까?
산토스 : 아니요.
         일본에서는 좀처럼 말을 볼 수 없습니다.
야마다 : 홋카이도에 말이 많이 있는데요.
산토스 : 정말입니까?
         그럼 여름 휴가에 꼭 가고 싶습니다.

III. 참고 어휘와 정보

動き　동작

飛ぶ 날다	跳ぶ 뛰다	登る 오르다, 올라갑니다	走る 달리다
泳ぐ 헤엄치다	もぐる 잠수하다	飛び込む 뛰어들다	逆立ちする 물구나무서다
はう 기다	ける 차다	振る 흔들다	持ち上げる 들어올리다
投げる 던지다	たたく 두드리다	引く 당기다	押す 밀다
曲げる 구부리다	伸ばす 펴다	転ぶ 넘어지다	振り向く 돌아보다

IV. 문법 해설

1. 동사 사전형
사전형은 동사의 기본형으로 사전에 제시되어 있는 형태이다. ます형에서 사전형을 만드는 방법은 동사의 그룹에 따라 다음과 같다. (주교재 제18과 연습 A1 참조)

1) Ⅰ그룹 동사
   ます형의 마지막 음은 い열인데, 이것을 う열 음으로 바꾼다.
   かき―ます → かく　　いそぎ―ます → いそぐ
   よみ―ます → よむ　　あそび―ます → あそぶ
   とり―ます → とる　　まち―ます → まつ
   すい―ます → すう　　はなし―ます → はなす

2) Ⅱ그룹 동사
   ます형에 る를 붙인다.
   たべ―ます → たべる
   み―ます → みる

3) Ⅲ그룹 동사
   「します」의 사전형은 「する」,「きます」의 사전형은 「くる」이다.

2. $\begin{Bmatrix} N \\ V\text{사전형 こと} \end{Bmatrix}$ が できます　　~을 수 있습니다

「できます」는 그 사람이 가지고 있는 능력으로 무언가를 할 수 있거나, 그 상황에 따라서 어떤 행위가 가능함을 나타내는 동사이다. 「できます」의 목적어는 「が」로 표시하며, 능력이나 가능한 일의 내용은 N 혹은 「V사전형こと」로 나타낸다.

1) 명사의 경우
   동작성 명사(うんてん, かいもの, スキー, ダンス 등)가 사용된다. 또한 「にほんご」「ピアノ」와 같은 기능(技能)을 나타내는 명사도 사용된다.
   ① ミラーさんは 日本語が できます。
   　　밀러 씨는 일본어를 할 수 있습니다.
   ② 雪が たくさん 降りましたから、ことしは スキーが できます。
   　　눈이 많이 왔으니까 올해는 스키를 할 수 있습니다.

2) 동사의 경우
   어떤 행위를 할 수 있음을 말할 때는 동사 사전형에 「こと」를 붙여서 명사구를 만든 후, 그 뒤에 「が できます」를 붙인다.
   ③ ミラーさんは 漢字を 読む ことが できます。
   　　　　　　　　　 (명사구)
   　　밀러 씨는 한자를 읽을 수 있습니다.
   ④ カードで 払う ことが できます。
   　　　　　 (명사구)
   　　카드로 지불할 수 있습니다.

3. | わたしの 趣味は { N / V 사전형 こと } です | 제 취미는 ~입니다

   ⑤ わたしの 趣味は 音楽です.　　　　　　제 취미는 음악입니다.
   「V 사전형 こと」를 사용하면 취미 내용을 더 구체적으로 나타낼 수 있다.
   ⑥ わたしの 趣味は 音楽を 聞く ことです. 제 취미는 음악을 듣는 것입니다.

4. | V_1 사전형 / N の / 수량사(기간) } まえに、V_2 | ~ 전에

   1) 동사의 경우
      V_1 에 앞서서 V_2 가 일어남을 나타낸다. 문장의 시제(V_2의 시제)가 과거를 나타내든 비과거를 나타내든 V_1 은 항상 사전형임에 주의한다.
      ⑦ 日本へ 来る まえに、日本語を 勉強しました.
         일본으로 오기 전에 일본어를 공부했습니다.
      ⑧ 寝る まえに、本を 読みます.　　　　자기 전에 책을 읽습니다.
   2) 명사의 경우
      명사 뒤에 「の」를 붙인다. 동작성 명사가 사용된다.
      ⑨ 食事の まえに、手を 洗います.　　　식사 전에 손을 씻습니다.
   3) 수량사(기간)의 경우
      수량사(기간) 뒤에 「の」를 붙이지 않도록 주의한다.
      ⑩ 田中さんは 1時間まえに、出かけました.
         다나카 씨는 1시간 전에 나갔습니다.

5. | なかなか |

   「なかなか」는 뒤에 부정 표현을 동반해서 '쉽게 ~지 않다', '기대한 대로 ~지 않다'와 같은 뜻을 나타낸다.
   ⑪ 日本では なかなか 馬を 見る ことが できません.
      일본에서는 좀처럼 말을 볼 수 없습니다.
   [주] 예문⑪(주교재 제 18과 회화 참조)은 「にほんで」를 주제로 한 문장이다. 이와 같이 「で」가 붙은 명사를 주제로 할 때는 「Nでは」가 된다.(「が」와 「を」이외의 조사가 붙은 단어를 주제로 하는 경우에 대해서는 칼럼 1을 참조)

6. | ぜひ |

   화자의 희망을 나타내는 표현과 함께 쓰여 그 의미를 강조한다.
   ⑫ ぜひ 北海道へ 行きたいです.　　　　　꼭 홋카이도에 가고 싶습니다.
   ⑬ ぜひ 遊びに 来て ください.　　　　　꼭 놀러 와 주십시오.

제 19 과

I. 어휘

のぼります I	登ります、上ります	오릅니다, 올라갑니다
とまります I [ホテルに～]	泊まります	묵습니다 [호텔에 ～]
そうじします III	掃除します	청소합니다
せんたくします III	洗濯します	빨래합니다
なります I		됩니다
ねむい	眠い	졸리다
つよい	強い	강하다
よわい*	弱い	약하다
れんしゅう	練習	연습 (～[を] します：연습을 합니다)
ゴルフ		골프 (～を します：골프를 칩니다)
すもう	相撲	스모 (～を します：스모를 합니다)
おちゃ	お茶	다도
ひ	日	날, 일
ちょうし	調子	컨디션, 상태
いちど	一度	한 번
いちども	一度も	한번도 (부정형과 함께 사용함)
だんだん		점점
もうすぐ		이제 곧
おかげさまで		덕분에 (남에게서 받은 지원이나 친절에 대해서 감사하는 마음을 나타낼 때 사용함)
でも		하지만

〈**会話**〉

乾杯	건배
ダイエット	다이어트 (～を します：다이어트를 합니다)
無理[な]	무리하다
体に いい	몸에 좋다

東京スカイツリー	도쿄스카이트리 (전망대가 있는 도쿄의 전파탑)
葛飾北斎	에도 시대의 유명한 우키요에 화가 (1760-1849)

II. 번역

문형
1. 스모를 본 적이 있습니다.
2. 휴일에는 테니스를 하거나 산책하러 가거나 합니다.
3. 앞으로 점점 더워집니다.

예문
1. 홋카이도에 간 적이 있습니까?
   ……네, 한 번 있습니다. 2년 전에 친구와 갔습니다.
2. 말을 탄 적이 있습니까?
   ……아니요, 한 번도 없습니다. 꼭 타고 싶습니다.
3. 겨울 방학(휴가)에는 무엇을 했습니까?
   ……교토의 절과 신사를 보거나, 친구와 파티를 했습니다.
4. 일본에서 무엇을 하고 싶습니까?
   ……여행을 하거나 다도를 배우고 싶습니다.
5. 몸의 컨디션은 어떻습니까?
   ……덕분에 좋아졌습니다.
6. 일본어가 늘었군요.
   ……감사합니다. 하지만 아직 멀었습니다.
7. 테레자는 무엇이 되고 싶어요?
   ……의사가 되고 싶어요.

회화

다이어트는 내일부터 하겠습니다

모두 :	건배.
	………………………………
마쓰모토 요시코 :	마리아 씨, 별로 먹지 않는군요.
마리아 :	네. 어제부터 다이어트를 하고 있습니다.
마쓰모토 요시코 :	그렇습니까? 저도 다이어트를 한 적이 있습니다.
마리아 :	어떤 다이어트입니까?
마쓰모토 요시코 :	매일 사과만 먹거나, 물을 많이 마셨습니다.
	하지만 무리한 다이어트는 몸에 좋지 않지요.
마리아 :	그렇지요.
마쓰모토 요시코 :	마리아 씨, 이 아이스크림 맛있는데요.
마리아 :	그렇습니까?
	… 다이어트는 내일부터 다시 하겠습니다.

III. 참고 어휘와 정보

伝統文化・娯楽 (でんとうぶんか・ごらく)　전통문화, 오락

茶道(さどう/ちゃ) 다도 (お茶)	華道(かどう) 꽃꽂이 (生け花 いけばな)	書道(しょどう) 서도, 서예
歌舞伎(かぶき) 가부키	能(のう) 노	文楽(ぶんらく) 분라쿠
相撲(すもう) 스모	柔道(じゅうどう) 유도	剣道(けんどう) 검도
空手(からて) 가라테	漫才・落語(まんざい・らくご) 만담, 라쿠고	囲碁・将棋(いご・しょうぎ) 바둑, 장기
パチンコ 파친코	カラオケ 가라오케	盆踊り(ぼんおどり) 본 오도리

IV. 문법 해설

1. V た형

「た」 또는 「だ」로 끝나는 동사 활용형을 「た형」이라고 한다. 「た형」은 동사 「て형」의 「て」 「で」를 각각 「た」 「だ」로 바꾸어서 만든다. (주교재 제19과 연습 A1 참조)

て형 → た형
かいて → かいた
のんで → のんだ
たべて → たべた
きて → きた
して → した

2. V た형 ことが あります ~은 적이 있습니다

과거에 했던 일을 화자가 말하는 시점에서 경험으로 진술하는 표현이다.
① 馬に 乗った ことが あります。 말을 탄 적이 있습니다.
과거의 어떤 시점에서 어떤 동작을 했음을 단순한 과거의 사실로 말할 때는 과거형을 사용한다는 점에 주의한다.
② 去年 北海道で 馬に 乗りました。 작년에 홋카이도에서 말을 탔습니다.

3. V₁ た형り、V₂ た형り します ~거나 ~거나 합니다

대표적인 명사를 여러 개(2개 이상) 병렬적으로 열거할 때는 조사 「や」를 사용하지만, 대표적인 동작을 여러 개 열거할 때는 이 문형을 사용한다. 시제는 문말에서 표시한다.
③ 日曜日は テニスを したり、映画を 見たり します。
   일요일에는 테니스를 하거나 영화를 보거나 합니다.
④ 日曜日は テニスを したり、映画を 見たり しました。
   일요일에는 테니스를 하거나 영화를 보거나 했습니다.

[주] 제16과에서 배운 「V₁ て형、[V₂ て형、] V₃」 과는 용법이 다르므로 주의가 필요하다. 「V₁ て형、[V₂ て형、] V₃」 은 연속적으로 일어나는 2개 이상의 동작을 그 순서대로 말한다.
⑤ 日曜日は テニスを して、映画を 見ました。
   일요일에는 테니스를 하고, 영화를 보았습니다.

한편 「V₁ た형り、V₂ た형り します」로 말하는 동작들 사이에는 시간적인 관계는 없다. 대표적인 동작을 말하는 것이므로, 이 문형으로 매일 반드시 하는 일(아침에 일어나다, 밥을 먹다, 밤에 자다 등)을 말하는 것은 자연스럽지 않다.

4.
$$\left.\begin{array}{l}\text{い -adj}(\sim\cancel{い}) \rightarrow \sim く \\ \text{な -adj}[\cancel{な}] \rightarrow \sim に \\ \text{N に}\end{array}\right\} なります \quad \sim어집니다/\sim게 됩니다/\sim이 됩니다$$

「なります」는 상태의 변화를 나타낸다.

⑥ 寒い → 寒く なります 추워집니다
⑦ 元気[な] → 元気に なります 건강해집니다
⑧ 25歳 → 25歳に なります 25살이 됩니다

제 20 과

I. 어휘

いります I [ビザが～]	要ります	필요합니다 [비자가 ～]
しらべます II	調べます	알아봅니다, 조사합니다
しゅうりします III	修理します	수리합니다
ぼく	僕	나 (남자가 사용함.「わたし」보다 덜 정중한 말투)
きみ*	君	너 (「あなた」의 낮춤말. 지위가 같거나 아래인 사람에게 사용함)
～くん	～君	～ 군 (「さん」의 낮춤말. 지위가 같거나 아래인 사람에게 사용함. 흔히 남자 아이 이름에 붙임)
うん		응 (「はい」의 반말투)
ううん		아니 (「いいえ」의 반말투)
ことば		말
きもの	着物	기모노 (전통적인 일본 옷)
ビザ		비자
はじめ	初め	초
おわり	終わり	말, 끝
こっち*		이쪽, 여기 (「こちら」보다 덜 정중한 말투)
そっち		그쪽, 거기 (「そちら」보다 덜 정중한 말투)
あっち*		저쪽, 저기 (「あちら」보다 덜 정중한 말투)
どっち		어느 쪽, 어디 (「どちら」보다 덜 정중한 말투)
みんなで		모두 같이, 다함께
～けど		～지만 (「が」보다 덜 정중한 말투)
おなかが いっぱいです		배가 부릅니다

〈会話〉
よかったら　　　　　　　　　괜찮으면
いろいろ　　　　　　　　　　여러 가지로, 이것저것

II. 번역

문형
1. 산토스 씨는 파티에 오지 않았다.
2. 도쿄는 사람이 많다.
3. 오키나와의 바다는 아름다웠다.
4. 오늘은 내 생일이다.

예문
1. 아이스크림 [을] 먹어?
   ……응, 먹어.
2. 거기 가위 [가] 있어?
   ……아니, 없어.
3. 어제 기무라 씨를 만났어?
   ……아니, 안 만났어.
4. 그 카레 [는] 맛있어?
   ……응, 맵지만 맛있어.
5. 내일 모두 같이 교토 [에] 안 갈래?
   ……응, 좋아.
6. 뭐 [를] 먹고 싶어?
   ……지금 배가 부르니까 아무것도 먹고 싶지 않아.
7. 지금 한가해?
   ……응, 한가해. 왜?
   좀 도와줘.
8. 사전 [을] 갖고 있어?
   ……아니, 안 갖고 있어.

회화

같이 안 갈래?

고바야시: 여름 방학(휴가)에는 고향으로 돌아가?
타와폰: 아니. 가고 싶긴 한데…
고바야시: 그래.
　　　　　타와폰 군, 후지산에 올라간 적 있어?
타와폰: 아니, 없어.
고바야시: 그럼 괜찮으면 같이 안 갈래?
타와폰: 응. 언제쯤?
고바야시: 8월 초쯤은 어때?
타와폰: 좋아.
고바야시: 그럼 이것저것 알아보고 다시 전화할게.
타와폰: 고마워. 기다릴게.

III. 참고 어휘와 정보

人の 呼び方　　호칭

다로야! 하나코야!

여보, 오늘은 다로 생일이에요.

가족들 사이에서는 막내 아이의 입장에서 서로를 부르는 경향이 있다. 예를 들어 부모는 맏이를 「おにいちゃん」(형, 오빠) 「おねえちゃん」(누나, 언니)이라고 부른다. 즉 동생이 사용하는 호칭으로 부르는 것이다.

부모가 아이들 앞에서 말할 때는 남편은 아내를 「おかあさん」「ママ」(엄마)라고 부르고, 아내는 남편을 「おとうさん」「パパ」(아빠)라고 부른다. 그러나 요즈음은 이러한 습관이 변해 가고 있다.

부장님, 사인 부탁합니다.

손님, 잘 어울리시는데요.

선생님, 배가 아픈데요.

사회에서는 자신이 소속된 집단 내의 역할의 명칭으로 서로를 부르는 경향이 있다. 예를 들어 직장에서 부하는 상사를 직무명으로 부른다. 가게에서는 고객을 「おきゃくさま」(손님)이라고 부르고, 환자는 의사를 「せんせい」(선생님)라고 부른다.

IV. 문법 해설

1. 정중체과 보통체
일본어 문체에는 정중체와 보통체 2가지가 있다.

정중체	보통체
あした 東京へ 行きます。 내일 도쿄에 갑니다.	あした 東京へ 行く。 내일 도쿄에 간다.
毎日 忙しいです。 매일 바쁩니다.	毎日 忙しい。 매일 바쁘다.
相撲が 好きです。 스모를 좋아합니다.	相撲が 好きだ。 스모를 좋아한다.
富士山に 登りたいです。 후지산에 오르고 싶습니다.	富士山に 登りたい。 후지산에 오르고 싶다.
ドイツへ 行った ことが ありません。 독일에 간 적이 없습니다.	ドイツへ 行った ことが ない。 독일에 간 적이 없다.

정중체 문장에서 사용되는 「です」「ます」를 동반하는 형태를 정중형이라 부르고, 보통체 문장에서 사용되는 형태를 보통형이라고 부른다. (주교재 제20과 연습 A1 참조)

2. 정중체과 보통체의 사용 구별법
1) 회화
   초면인 사람이나 손윗사람, 또는 나이가 비슷해도 별로 친하지 않은 사람에 대해서는 정중체를 사용한다.
   한편 친한 친구나 동료, 가족과의 회화에서는 보통체를 사용한다.
   보통체는 제대로 가려서 사용하지 않으면 실례가 되므로, 그 상대에게 보통체를 사용해도 되는지 주의할 필요가 있다.

2) 글로 쓸 때
   일반적으로 편지는 정중체로 쓰는 일이 많다. 논문, 리포트, 일기 등에는 보통체를 사용한다.

3. 보통체 회화
1) 보통체 의문문은 일반적으로 문말에 조사 「か」를 붙이지 않고 「のむ(↗)」「のんだ(↗)」와 같이 상승조 억양으로 발음한다.
   ① コーヒーを 飲む？(↗)　　　커피 마셔?
   　　……うん、飲む。(↘)　　　……응, 마셔.

2) 명사문이나 な형용사 의문문에서는 「です」의 보통형 「だ」가 생략된다. 긍정적인 대답인 경우 「だ」로 끝을 맺으면 무뚝뚝한 인상을 주기 때문에 「だ」를 생략하거나 종조사를 붙여서 어조를 부드럽게 한다.

② 今晩　暇？　　　　　　　　　　　오늘 저녁 한가해？
　……うん、暇／暇だ／暇だよ。　　……응, 한가해.（남자가 사용함）
　……うん、暇／暇よ／暇だよ。　　……응, 한가해.（여자가 사용함）
　……ううん、暇じゃ ない。　　　　……아니, 한가하지 않아.

3) 보통체 문장에서는 전후 관계로 뜻을 알 수 있을 때 조사가 생략되는 일이 많다.

③ ごはん[を] 食べる？　　　　　　밥[을] 먹어？
④ あした 京都[へ] 行かない？　　내일 교토[에] 안 갈래？
⑤ この りんご[は] おいしいね。　이 사과[는] 맛있군.
⑥ そこに はさみ[が] ある？　　　거기 가위[가] 있어？

단, 「で」「に」「から」「まで」「と」등은 문장 뜻이 애매해지므로 생략되지 않는다.

4) 보통체 문장에서는 「V て형 いる」의 「い」도 생략되는 일이 많다.

⑦ 辞書、持って [い]る？　　　　사전 갖고 있어？
　……うん、持って [い]る。　　　……응, 갖고 있어.
　……ううん、持って [い]ない。　……아니, 안 갖고 있어.

5) けど

「けど」는 「が」와 같은 기능을 지니며, 회화에서 많이 사용된다.

⑧ その カレー[は] おいしい？　　그 카레[는] 맛있어？
　……うん、辛いけど、おいしい。　……응, 맵지만 맛있어.
⑨ 相撲の チケット[が] あるけど、いっしょに 行かない？
　……いいね。
　스모 티켓이 있는데 같이 안 갈래？
　……좋지.

제 21 과

I. 어휘

おもいます I	思います	생각합니다, 여깁니다
いいます I	言います	말합니다
かちます I	勝ちます	이깁니다
まけます II *	負けます	집니다
あります I [おまつりが～]	[お祭りが～]	있습니다 [축제가～]
やくに たちます I	役に 立ちます	도움이 됩니다
うごきます I	動きます	움직입니다, 이동합니다, 작동합니다
やめます II [かいしゃを～]	[会社を～]	그만둡니다 [회사를～]
きを つけます II	気を つけます	주의합니다, 조심합니다
りゅうがくします III	留学します	유학합니다
むだ[な]		불필요하다, 소용없다
ふべん[な]	不便[な]	불편하다
すごい		굉장하다 (놀라움이나 감탄을 나타낼 때 사용함)
ほんとう		정말
うそ*		거짓, 거짓말
じどうしゃ	自動車	자동차
こうつう	交通	교통
ぶっか	物価	물가
ほうそう	放送	방송
ニュース		뉴스
アニメ		애니메이션
マンガ		만화
デザイン		디자인
ゆめ	夢	꿈
てんさい	天才	천재

しあい	試合	경기, 시합 (～を します:경기를 합니다)
いけん	意見	의견
はなし	話	이야기합니다 (～を します:이야기를 합니다)
ちきゅう	地球	지구
つき	月	달
さいきん	最近	최근, 요즈음
たぶん		아마
きっと		꼭
ほんとうに		정말로
そんなに		그렇게 (부정형과 함께 사용함)
～に ついて		～에 대해서

〈会話〉

久しぶりですね。	오래간만이군요.
～でも 飲みませんか。	～라도 마시지 않겠습니까?
もちろん	물론
もう 帰らないと……。	이제 돌아가야겠는데요...

アインシュタイン	아인슈타인 (1879-1955)
ガガーリン	가가린 (1934-1968)
ガリレオ	갈릴레오 (1564-1642)
キング牧師	킹 목사 (1929-1968)
フランクリン	프랭클린 (1706-1790)
かぐや姫	가구야공주 (일본의 옛 설화 "다케토리 모노가타리"의 주인공)
天神祭	덴진축제 (오사카의 축제)
吉野山	요시노산 (나라에 있는 산)
カンガルー	캥거루
キャプテン・クック	캡틴 쿡 (1728-1779)
ヨーネン	실제로 존재하지 않는 회사

II. 번역

문형
1. 저는 내일 비가 올 거라고 생각합니다.
2. 저는 아버지에게 유학하고 싶다고 말했습니다.
3. 피곤하지요?

예문
1. 밀러 씨는 어디입니까?
   ……아마 벌써 귀가했을 거라고 생각합니다.
2. 밀러 씨는 이 뉴스를 알고 있습니까?
   ……아니요, 모를 거라고 생각합니다.
3. 일하고 가족 중에서 어느 쪽이 더 소중합니까?
   ……둘 다 소중하다고 생각합니다.
4. 일본에 대해서 어떻게 생각합니까?
   ……물가가 비싸다고 생각합니다.
5. 식사 전에 기도를 합니까?
   ……아니요, 하지 않지만 '잘 먹겠습니다'라고 말합니다.
6. 가구야히메는 '달로 돌아가야 합니다'라고 말했습니다. 그리고 달로 돌아갔습니다. 끝.
   ……끝이라고? 엄마, 나도 달에 가고 싶어.
7. 회의에서 무언가 의견을 말했습니까?
   ……네. 불필요한 복사가 많다고 말했습니다.
8. 7월에 교토에서 축제가 있지요?
   ……네, 있습니다.

회화

저도 그렇게 생각합니다

마쓰모토: 아, 산토스 씨, 오래간만이군요.
산토스: 아, 마쓰모토 씨, 건강하십니까?
마쓰모토: 네. 맥주라도 좀 마시지 않겠습니까?
산토스: 좋지요.
   ………………………………
산토스: 오늘 밤 10시부터 일본과 브라질의 축구 경기가 있지요.
마쓰모토: 아, 그렇지요.
   산토스 씨는 어느 쪽이 이길 거라고 생각합니까?
산토스: 물론 브라질이지요.
마쓰모토: 그렇지요. 하지만 요즘 일본도 강해졌는데요.
산토스: 네, 저도 그렇게 생각하지만…
   아, 이제 돌아가야겠는데요…
마쓰모토: 네, 갑시다.

III. 참고 어휘와 정보

役職名（やくしょくめい） 직무명

国（くに）	나라, 국가	首相（しゅしょう）（内閣総理大臣（ないかくそうりだいじん））	수상(내각 총리 대신)
都道府県（とどうふけん）	도도부현	知事（ちじ）	지사
市（し）	시	市長（しちょう）	시장
町（まち）	마치(읍)	町長（ちょうちょう）	조초(읍장)
村（むら）	무라(면)	村長（そんちょう）	손초(면장)

大学（だいがく）	대학, 대학교	学長（がくちょう）	학장
高等学校（こうとうがっこう）	고등학교		
中学校（ちゅうがっこう）	중학교	校長（こうちょう）	교장
小学校（しょうがっこう）	소학교(초등학교)		
幼稚園（ようちえん）	유치원	園長（えんちょう）	원장

会社（かいしゃ）	회사

会長（かいちょう）	회장
社長（しゃちょう）	사장
重役（じゅうやく）	중역
部長（ぶちょう）	부장
課長（かちょう）	과장

病院（びょういん）	병원

院長（いんちょう）	원장
部長（ぶちょう）	부장
看護師長（かんごしちょう）	수간호사

銀行（ぎんこう）	은행

頭取（とうどり）	은행장
支店長（してんちょう）	지점장

駅（えき）	역

駅長（えきちょう）	역장

警察（けいさつ）	경찰

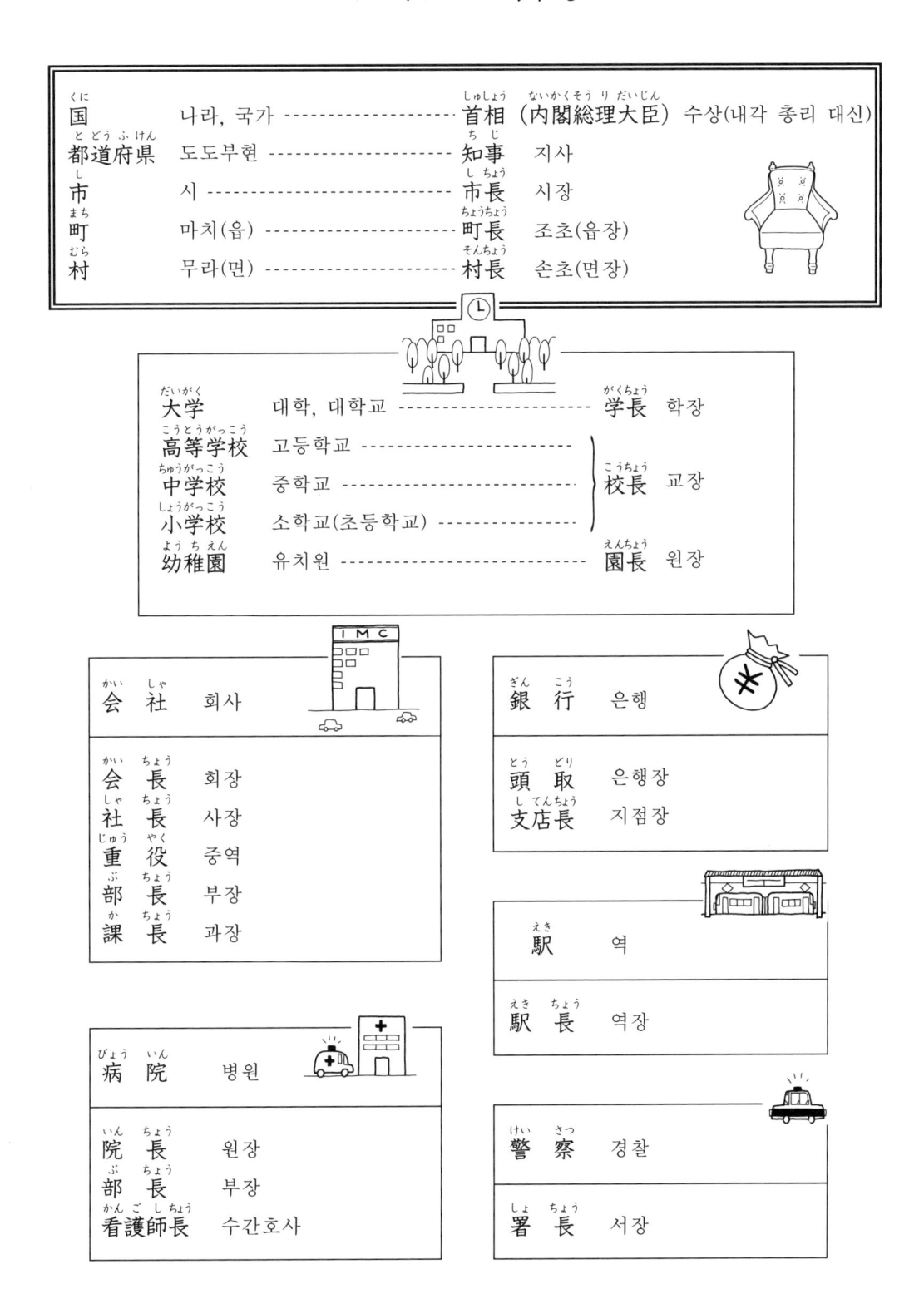

署長（しょちょう）	서장

IV. 문법 해설

1. 보통형と 思います ～고 생각합니다

생각, 판단의 내용은 조사「と」를 붙여서 표시한다. 이 문형에는 아래와 같은 용법이 있다.

1) 추량의 표시
   ① あした 雨が 降ると 思います。　　내일 비가 올 거라고 생각합니다.
   ② テレーザちゃんは もう 寝たと 思います。
   　　데레자는 벌써 잤을 거라고 생각합니다.
   추량의 내용이 부정인 경우「と」앞 부분을 부정형으로 한다.
   ③ ミラーさんは この ニュースを 知って いますか。
   　　……いいえ、知らないと 思います。
   　　밀러 씨는 이 뉴스를 알고 있습니까?
   　　……아니요, 모를 거라고 생각합니다.

2) 의견 서술
   ④ 日本は 物価が 高いと 思います。　일본은 물가가 비싸다고 생각합니다.
   무언가에 대한 의견을 물을 때는「～に ついて どう おもいますか」라는 표현을 사용하는데,「どう」뒤에는「と」를 붙이지 않는다.
   ⑤ 新しい 空港に ついて どう 思いますか。
   　　……きれいですが、ちょっと 交通が 不便だと 思います。
   　　새 공항에 대해서 어떻게 생각합니까?
   　　……깨끗하지만 교통이 좀 불편하다고 생각합니다.
   남의 의견에 대한 동의, 반대는 다음과 같이 나타낸다.
   ⑥ ケータイは 便利ですね。　　　　휴대폰은 편리하지요?
   　　……わたしも そう 思います。　　……저도 그렇게 생각합니다.

2. S / 보통형 と 言います ～라고 말합니다

발언 내용은「と」로 표시한다. 그 방법은 2가지가 있다.

1) 직접 인용할 때는 인용하는 말을 그대로 말한다. 쓸 때는「　　」안에 그 말을 그대로 넣는다.
   ⑦ 寝る まえに、「お休みなさい」と 言います。
   　　자기 전에 '안녕히 주무십시오'라고 말합니다.
   ⑧ ミラーさんは「来週 東京へ 出張します」と 言いました。
   　　밀러 씨는 '다음 주에 도쿄로 출장합니다'라고 말했습니다.

2) 인용자가 정리한 내용을 말할 때는「と」앞에 보통형을 사용한다.
   ⑨ ミラーさんは 東京へ 出張すると 言いました。
   　　밀러 씨는 도쿄에 출장한다고 말했습니다.
   인용 부분의 시제는 문장 시제의 영향을 받지 않는다.

또한 발언의 상대는 조사「に」로 표시한다.
⑩ 父に 留学したいと 言いました。
　　아버지에게 유학하고 싶다고 말했습니다.

3. | V　　　　　보통형 |
　　| い-adj　　보통형 | でしょう?　　～지요?
　　| な-adj　　보통형 |
　　| N　　　　　～だ |

청자의 동의를 구하기 위해서 묻거나 확인할 때 사용한다.「でしょう」는 상승조 억양으로 말한다.
「でしょう」앞에는 보통형이 오지만 な형용사와 명사의 경우는「～だ」가 없는 형태가 온다.
⑪ あした パーティーに 行くでしょう?　　내일 파티에 가지요?
　　……ええ、行きます。　　　　　　　　……네, 갑니다.
⑫ 北海道は 寒かったでしょう?　　홋카이도는 추웠지요?
　　……いいえ、そんなに 寒くなかったです。
　　……아니요, 별로 춥지 않았습니다.

4. N₁(장소)で N₂が あります

N₂가 파티, 콘서트, 축제, 사건, 재해와 같은 행사나 발생한 일을 나타낼 때「あります」는 '행해지다', '일어나다'라는 뜻으로 사용된다.
⑬ 東京で 日本と ブラジルの サッカーの 試合が あります。
　　도쿄에서 일본과 브라질의 축구 경기가 있습니다.

5. N(장면)で

무언가가 행해지는 장면을「で」로 표시한다.
⑭ 会議で 何か 意見を 言いましたか。　　회의에서 무언가 의견을 말했습니까?

6. NでもV

무언가를 권하거나 제안할 때 또는 희망을 말할 때, 한 가지로 한정하지 않고 예로 들기 위해서 조사「でも」를 사용한다.
⑮ ちょっと ビールでも 飲みませんか。　　맥주라도 좀 마시지 않겠습니까?

7. Vない형ないと……

이것은「Vない형ないと いけません」(제17과 참조)의「いけません」을 생략한 형태이다.「Vない형ないと いけません」은 제17과에서 배운「Vない형なければ なりません」과 거의 같은 뜻이다.
⑯ もう 帰らないと……。　　　　　　이제 돌아가야겠는데요.

제 22 과

I. 어휘

きますⅡ	着ます	입습니다 (셔츠를 ~)
はきますⅠ		입습니다 (바지를 ~), 신습니다 (신발을 ~)
かぶりますⅠ		씁니다 (모자를 ~)
かけますⅡ [めがねを~]	[眼鏡を~]	낍니다 [안경을 ~]
しますⅢ [ネクタイを~]		맵니다 [넥타이를 ~]
うまれますⅡ	生まれます	태어납니다
わたしたち		우리
コート		코트
セーター		스웨터
スーツ*		슈트
ぼうし	帽子	모자
めがね	眼鏡	안경
ケーキ		케이크
[お]べんとう	[お]弁当	도시락
ロボット		로봇
ユーモア		유머
つごう	都合	형편
よく		자주, 잘

〈練習C〉
えーと	저...
おめでとう［ございます］。	축하합니다. (생일, 결혼식, 설날에 사용함)

〈会話〉
お探（さが）しですか。	찾으십니까?
では	그러면
こちら	이쪽 (「これ」보다 정중한 말투)
家賃（やちん）	집세
ダイニングキッチン	주방 겸용 식당
和室（わしつ）	다다미방
押（お）し入（い）れ	수납장
布団（ふとん）	이불, 요

パリ	파리
万里（ばんり）の 長城（ちょうじょう）	만리장성
みんなの アンケート	실제로 존재하지 않는 앙케이트

II. 번역

문형
1. 이것은 밀러 씨가 만든 케이크입니다.
2. 저기 있는 사람은 밀러 씨입니다.
3. 어제 배운 말을 잊어버렸습니다.
4. 쇼핑하러 갈 시간이 없습니다.

예문
1. 이것은 만리장성에서 찍은 사진입니다.
   ……그렇습니까? 굉장하군요.
2. 카리나 씨가 그린 그림은 어느 것입니까?
   ……저것입니다. 저 바다 그림입니다.
3. 저 기모노를 입은 사람은 누구입니까?
   ……기무라 씨입니다.
4. 야마다 씨, 부인을 처음 만난 곳이 어디입니까?
   ……오사카성입니다.
5. 기무라 씨와 같이 간 콘서트는 어땠습니까?
   ……아주 좋았습니다.
6. 왜 그럽니까?
   ……어제 산 우산을 잃어버렸습니다.
7. 어떤 집을 가지고 싶습니까?
   ……넓은 뜰이 있는 집을 가지고 싶습니다.
8. 일요일에 축구를 보러 가지 않겠습니까?
   ……미안합니다. 일요일은 친구를 만날 약속이 좀 있습니다.

회화

어떤 방을 찾으십니까?

부동산 중개인 : 어떤 방을 찾으십니까?
왕 : 글쎄요.
  월세는 8만 엔 정도이고, 역에서 멀지 않은 곳이 좋습니다.
부동산 중개인 : 그럼 이것은 어떻습니까?
  역에서 10분이고, 월세는 83,000엔입니다.
왕 : 주방 겸용 식당과 다다미방이군요.
  저... 여기는 무엇입니까?
부동산 중개인 : 수납장입니다. 이불을 넣는 곳이지요.
왕 : 그렇습니까?
  이 방 오늘 볼 수 있습니까?
부동산 중개인 : 네. 지금 갈까요?
왕 : 네, 부탁합니다.

III. 참고 어휘와 정보

衣服(いふく) 의복

スーツ 슈트	ワンピース 원피스	上着(うわぎ) 상의, 윗옷	ズボン／パンツ 바지 ジーンズ 청바지
スカート 치마	ブラウス 블라우스	ワイシャツ 와이셔츠	セーター 스웨터
マフラー 머플러, 목도리 手袋(てぶくろ) 장갑	下着(したぎ) 속옷	くつした 양말 (パンティー) ストッキング (팬티)스타킹	着物(きもの) 기모노 帯(おび) 오비, 띠
(オーバー)コート (오버)코트 レインコート 레인코트, 비옷	ネクタイ 넥타이 ベルト 벨트	ハイヒール 하이힐 ブーツ 부츠 運動靴(うんどうぐつ) 운동화	ぞうり 조리, 일본식 짚신 たび 다비, 일본식 버선

IV. 문법 해설

1. 명사 수식절

제2과, 제8과에서 명사를 수식하는 방법을 학습했다.

  ミラーさんの うち   밀러 씨 집 (제2과 참조)
  新しい うち   새 집 (제8과 참조)
  きれいな うち   예쁜 집 (제8과 참조)

수식하는 단어나 절은 수식 받는 명사 앞에 온다. 이 과에서는 절이 명사를 수식하는 경우를 학습한다.

1) 명사 수식절 안의 동사, 형용사, 명사는 보통형으로 하되, な형용사는 「～な」, 명사는 「～の」가 된다.

 ① 京都へ ┌ 行く 人   교토에 가는 사람
     ├ 行かない 人   교토에 가지 않는 사람
     ├ 行った 人   교토에 간 사람
     └ 行かなかった 人 교토에 가지 않은 사람

  背が 高くて、髪が 黒い 人 키가 크고 머리카락이 까만 사람
  親切で、きれいな 人   친절하고 예쁜 사람
  65歳の 人   65세인 사람

2) 명사 수식절은 아래와 같은 여러 문형으로 사용된다.

 ② これは ミラーさんが 住んで いた うちです。
   이것은 밀러 씨가 살고 있던 집입니다.

 ③ ミラーさんが 住んで いた うちは 古いです。
   밀러 씨가 살고 있던 집은 오래됐습니다.

 ④ ミラーさんが 住んで いた うちを 買いました。
   밀러 씨가 살고 있던 집을 샀습니다.

 ⑤ わたしは ミラーさんが 住んで いた うちが 好きです。
   저는 밀러 씨가 살고 있던 집을 좋아합니다.

 ⑥ ミラーさんが 住んで いた うちに 猫が いました。
   밀러 씨가 살고 있던 집에 고양이가 있었습니다.

 ⑦ ミラーさんが 住んで いた うちへ 行った ことが あります。
   밀러 씨가 살고 있던 집에 간 적이 있습니다.

3) 명사 수식절 안의 주어는 「が」로 표시한다.

⑧ これは ミラーさんが 作った ケーキです。
　 이것은 밀러 씨가 만든 케이크입니다.
⑨ わたしは カリナさんが かいた 絵が 好きです。
　 저는 카리나 씨가 그린 그림을 좋아합니다.
⑩ [あなたは] 彼が 生まれた 所を 知って いますか。
　 [당신은] 그 사람이 태어난 곳을 알고 있습니까?

2. V 사전형 時間／約束／用事

무언가를 할 시간이나 약속, 볼일의 내용을 말할 때는 그 동작의 사전형을 명사 「じかん」「やくそく」「ようじ」등의 앞에 쓴다.

⑪ わたしは 朝ごはんを 食べる 時間が ありません。
　 저는 아침밥을 먹을 시간이 없습니다.
⑫ わたしは 友達と 映画を 見る 約束が あります。
　 저는 친구와 영화를 볼 약속이 있습니다.
⑬ きょうは 市役所へ 行く 用事が あります。
　 오늘은 시청에 갈 일이 있습니다.

3. V ます형 ましょうか　～을까요?

제14과에서는 이 문형을 화자가 상대를 위해서 무언가 할 것을 제안하는 표현으로 학습했다. 이 과의 회화에서는 화자와 청자가 같이 무언가를 할 것을 제안하는 표현으로 나온다.

⑭ この部屋、きょう 見る ことが できますか。　이 방 오늘 볼 수 있습니까?
　……ええ。今から 行きましょうか。　　　　　……네. 지금 갈까요?

제 23 과

I. 어휘

ききます I [せんせいに〜]	聞きます [先生に〜]	묻습니다 [선생님에게 〜]
まわします I	回します	돌립니다
ひきます I	引きます	당깁니다
かえます II	変えます	바꿉니다
さわります I [ドアに〜]	触ります	만집니다 [도어를 〜]
でます II [おつりが〜]	出ます [お釣りが〜]	나옵니다 [거스름돈이 〜]
あるきます I	歩きます	걷습니다
わたります I [はしを〜]	渡ります [橋を〜]	건넙니다 [다리를 〜]
まがります I [みぎへ〜]	曲がります [右へ〜]	돌아서 갑니다 [오른쪽으로 〜]
さびしい	寂しい	쓸쓸하다, 외롭다
[お]ゆ	[お]湯	더운물, 뜨거운 물
おと	音	소리
サイズ		사이즈
こしょう	故障	고장 (〜します : 고장 납니다)
みち	道	길
こうさてん	交差点	교차로
しんごう	信号	신호
かど	角	모퉁이
はし	橋	다리
ちゅうしゃじょう	駐車場	주차장
たてもの	建物	건물
なんかいも	何回も	몇 번이나
—め	—目	—째 (순서를 나타냄)

聖徳太子 （しょうとくたいし）	쇼토쿠 태자 (574-622)
法隆寺 （ほうりゅうじ）	호류지 (7세기 초에 쇼토쿠 태자에 의해 세워진 나라현에 있는 절)
元気茶 （げんきちゃ）	실제로 존재하지 않는 차
本田駅 （ほんだえき）	실제로 존재하지 않는 역
図書館前 （としょかんまえ）	실제로 존재하지 않는 정류소

II. 번역

문형
1. 도서관에서 책을 빌릴 때 카드가 필요합니다.
2. 이 버튼을 누르면 거스름돈이 나옵니다.

예문
1. 자주 텔레비전을 봅니까?
   ……글쎄요. 야구 경기가 있을 때 봅니다.
2. 냉장고에 아무것도 없을 때 어떻게 합니까?
   ……가까운 레스토랑에 먹으러 갑니다.
3. 회의실을 나올 때 에어컨을 껐습니까?
   ……네, 껐습니다.
4. 산토스 씨는 어디서 옷과 신발을 삽니까?
   ……고향으로 돌아갔을 때 삽니다. 일본 것은 작으니까요.
5. 그것은 무엇입니까?
   ……'겐키차' 입니다. 몸 컨디션이 나쁠 때 마십니다.
6. 한가할 때 우리 집에 놀러 오지 않겠습니까?
   ……네, 감사합니다.
7. 학생 때 아르바이트를 했습니까?
   ……네, 가끔 했습니다.
8. 더운물이 나오지 않습니다.
   ……거기를 누르면 나오는데요.
9. 저기요… 시청은 어디입니까?
   ……이 길을 똑바로 가면 왼쪽에 있습니다. 오래된 건물입니다.

회화

어떻게 갑니까?

도서관 직원 : 네, 미도리도서관입니다.
카리나 : 저, 거기까지 어떻게 갑니까?
도서관 직원 : 혼다역에서 12번 버스를 타고 도서관 앞에서 내리십시오. 3번째 정류소입니다.
카리나 : 3번째요?
도서관 직원 : 네. 거기서 내리면 앞에 공원이 있습니다.
도서관은 공원 안의 하얀 건물입니다.
카리나 : 알겠습니다.
그리고 책을 빌릴 때 무언가 필요합니까?
도서관 직원 : 성함과 주소를 확인할 수 있는 것을 가지고 오십시오.
카리나 : 네. 대단히 감사합니다.

III. 참고 어휘와 정보

道路・交通　도로, 교통

① 歩道　　　　인도
② 車道　　　　차도
③ 高速道路　　고속도로
④ 通り　　　　도로
⑤ 交差点　　　교차로
⑥ 横断歩道　　횡단보도
⑦ 歩道橋　　　육교
⑧ 角　　　　　모퉁이
⑨ 信号　　　　신호등
⑩ 坂　　　　　언덕
⑪ 踏切　　　　건널목
⑫ ガソリンスタンド　주유소

止まれ	進入禁止	一方通行	駐車禁止	右折禁止
멈춤	진입 금지	일방통행	주차 금지	우회전 금지

IV. 문법 해설

1.

V 사전형		
V ない형 ない		
い-adj (〜い)	とき、〜(주절)	〜때, 〜
な-adj な		
N の		

「とき」는 이어지는 주절에서 표현되는 상태, 동작, 현상이 이루어질 때를 나타낸다.「とき」 앞에 오는 형태는 명사를 수식하는 형태와 같다.

① 図書館で 本を 借りる とき、カードが 要ります。
　도서관에서 책을 빌릴 때 카드가 필요합니다.
② 使い方が わからない とき、わたしに 聞いて ください。
　사용법을 모를 때 저에게 물어보십시오.
③ 体の 調子が 悪い とき、「元気茶」を 飲みます。
　몸 상태가 나쁠 때 '겐키차'를 마십니다.
④ 暇な とき、うちへ 遊びに 来ませんか。
　한가할 때 우리 집에 놀러 오지 않겠습니까?
⑤ 妻が 病気の とき、会社を 休みます。
　아내가 아플 때 회사를 쉽니다.
⑥ 若い とき、あまり 勉強しませんでした。
　젊었을 때 공부를 별로 하지 않았습니다.
⑦ 子どもの とき、よく 川で 泳ぎました。
　어렸을 때 강에서 자주 헤엄쳤습니다.

「とき」를 수식하는 절의 시제는 주절 시제의 영향을 받지 않는다.

2.

V 사전형	とき、〜(주절)	〜을 때, 〜
V た형		

「とき」 앞의 동사가 사전형일 때는 주절이 「〜とき」의 절보다 먼저 일어났음을 나타낸다.
「とき」 앞의 동사가 た형일 때는 주절이 「〜とき」의 절보다 나중에 일어났음을 나타낸다.

⑧ パリへ 行く とき、かばんを 買いました。
　파리에 갈 때 가방을 샀습니다.
⑨ パリへ 行った とき、かばんを 買いました。
　파리에 갔을 때 가방을 샀습니다.

⑧은 가방을 산 것은 파리에 도착하기 전, 즉 파리로 가는 도중이었음을 나타내고, ⑨는 가방을 산 것은 파리에 도착한 후, 즉 파리에서였음을 나타낸다.

3. V 사전형と、~(주절)   ~으면

「と」는 「と」 앞의 동작이나 사태가 일어나면 뒤로 이어지는 주절에서 표현되는 상태나 동작, 현상, 사태가 필연적으로 이루어짐을 나타낸다.

⑩ この ボタンを 押すと、お釣りが 出ます。
　 이 버튼을 누르면 거스름돈이 나옵니다.
⑪ これを 回すと、音が 大きく なります。
　 이것을 돌리면 소리가 커집니다.
⑫ 右へ 曲がると、郵便局が あります。
　 오른쪽으로 돌아서 가면 우체국이 있습니다.

4. N が adj

제14과에서 어떤 현상을 오관(눈, 귀 등)으로 느낀 대로 말하거나, 어떤 사건을 객관적으로 전할 때 「が」를 사용한다는 것을 학습했다. 이것은 동사문뿐만 아니라 형용사문에서도 사용되는 일이 있다.

⑬ 音が 小さいです。　　　　　　　소리가 작습니다.

5. N を 이동 V

「さんぽします」「わたります」「あるきます」와 같은 이동동사와 함께 사용되는 「を」는 사람이나 물건이 지나가는 장소를 나타낸다.

⑭ 公園を 散歩します。　　　　공원을 산책합니다. (제13과 참조)
⑮ 道を 渡ります。　　　　　　길을 건넙니다.
⑯ 交差点を 右へ 曲がります。　교차로를 오른쪽으로 돌아서 갑니다.

제 24 과

I. 어휘

くれますⅡ		줍니다
なおしますⅠ	直します	고칩니다
つれて いきますⅠ	連れて 行きます	데리고 갑니다
つれて きますⅢ*	連れて 来ます	데리고 옵니다
おくりますⅠ	送ります	보냅니다 [사람을 ~]
[ひとを~]	[人を~]	
しょうかいしますⅢ	紹介します	소개합니다
あんないしますⅢ	案内します	안내합니다
せつめいしますⅢ	説明します	설명합니다
おじいさん／ おじいちゃん		할아버님/할아버지
おばあさん／ おばあちゃん		할머님/할머니
じゅんび	準備	준비 (~[を] します:준비를 합니다)
ひっこし	引っ越し	이사 (~[を] します:이사를 합니다)
[お]かし	[お]菓子	과자
ホームステイ		홈스테이
ぜんぶ	全部	전부
じぶんで	自分で	직접, 스스로

〈会話〉

ほかに　　　　　　　　　　　그 외에

母の日　　　　　　　　　　　어머니의 날

II. 번역

문형
1. 사토 씨는 저에게 초콜릿을 주었습니다.
2. 저는 야마다 씨에게 부탁해서 리포트를 고치게 했습니다.
3. 어머니는 저에게 스웨터를 보내 주었습니다.
4. 저는 기무라 씨에게 책을 빌려 주었습니다.

예문
1. 다로 군은 할머니를 좋아합니까?
   ……네, 좋아합니다. 할머니는 항상 과자를 줍니다.
2. 와인이 맛있네요.
   ……네, 사토 씨가 주었습니다. 프랑스의 와인입니다.
3. 밀러 씨, 어제 파티의 요리는 전부 직접 만들었습니까?
   ……아니요, 왕 선생님이 도와주었습니다.
4. 전철로 갔습니까?
   ……아니요. 야마다 씨가 차로 데려다 주었습니다.
5. 다로 군은 어머니의 날에 어머니에게 무엇을 해 드립니까?
   ……피아노를 쳐 드립니다.

회화

도와주러 갈까요?

카리나 : 왕 선생님, 일요일에 이사 가지요.
         도우러 갈까요?
왕 :   감사합니다.
         그럼 미안하지만 9시쯤에 부탁합니다.
카리나 : 또 누가 도우러 갑니까?
왕 :   야마다 씨와 밀러 씨가 와 줍니다.
카리나 : 차는요?
왕 :   야마다 씨에게 부탁해서 빌립니다.
카리나 : 점심은 어떻게 합니까?
왕 :   글쎄요…
카리나 : 제가 도시락을 가지고 갈까요?
왕 :   미안합니다. 부탁합니다.
카리나 : 그럼 일요일에 만납시다.

III. 참고 어휘와 정보

贈答の 習慣　선물을 주는 관습
（ぞうとう）（しゅうかん）

お年玉（としだま）	설날에 부모와 친척이 아이에게 주는 돈
入学祝い（にゅうがくいわ）	입학하는 사람에게 줌. 돈, 문구, 책 등.
卒業祝い（そつぎょういわ）	졸업하는 사람에게 줌. 돈, 문구, 책 등.
結婚祝い（けっこんいわ）	결혼하는 사람에게 줌. 돈, 가정용품 등.
出産祝い（しゅっさんいわ）	출산하는 사람에게 줌. 아기 옷, 장난감 등.
お中元（ちゅうげん）[7월 또는 8월] お歳暮（せいぼ）[12월]	의사, 선생님, 상사 등 평소에 신세를 지고 있던 사람에게 줌. 음식 등.
お香典（こうでん）	사람이 죽었을 때 그 가족에게 줌.
お見舞い（みま）	병에 걸리거나 다친 사람에게 줌. 꽃, 과일 등.

熨斗袋（のしぶくろ） 돈을 줄 때 사용하는 특별한 봉투

용도에 따라서 적절한 봉투를 사용함.

御結婚 御祝 / 山田	御祝 / 山田	御霊前 / 山田
결혼 축하용 (붉은색과 흰색, 또는 금색과 은색 끈이 둘러져 있음)	결혼 이외의 축하용 (붉은색과 흰색, 또는 금색과 은색 끈이 둘러져 있음)	장례식용 (검은색과 흰색 끈이 둘러져 있음)

IV. 문법 해설

1. くれます

제7과에서 학습한「あげます」는 화자(나) 이외의 사람이 화자(나)나 화자의 가족 등에게 물건을 줄 때는 사용할 수 없다. 그 경우에는「くれます」를 사용한다.

① わたしは 佐藤さんに 花を あげました。
　　저는 사토 씨에게 꽃을 주었습니다.
　×佐藤さんは わたしに クリスマスカードを あげました。
② 佐藤さんは わたしに クリスマスカードを くれました。
　　사토 씨는 저에게 크리스마스 카드를 주었습니다.
③ 佐藤さんは 妹に お菓子を くれました。
　　사토 씨는 여동생에게 과자를 주었습니다.

2. 　Vて형 { あげます / もらいます / くれます }

「あげます」「もらいます」「くれます」는 물건을 주고받는 일에 관해서 사용되는데,「～て あげます」「～て もらいます」「～て くれます」는 그 행위가 혜택이나 이익을 주고받는 것임을 나타내기 위해서 사용된다.

1) Vて형 あげます

「Vて형 あげます」는 행위자가 주어이고 그 행위가 혜택, 이익을 주는 것임을 나타낼 때 사용한다.

④ わたしは 木村さんに 本を 貸して あげました。
　　저는 기무라 씨에게 책을 빌려 주었습니다.

단, 손윗사람에게 혜택, 이익을 주는 행위에 관해서「～て あげます」를 사용하면 호의를 강압적으로 베푸는 인상을 주기 때문에 주의가 필요하다. 손윗사람에게 혜택, 이익을 주는 행위를 제안할 때는「Vます형ましょうか」(제14과 5 참조)를 사용한다.

⑤ タクシーを 呼びましょうか。
　　택시를 부를까요?(제14과 참조)
⑥ 手伝いましょうか。
　　도와 드릴까요?(제14과 참조)

2) Vて형 もらいます

⑦ わたしは 山田さんに 図書館の 電話番号を 教えて もらいました。
　　저는 야마다 씨에게서 도서관 전화번호를 들었습니다.

행위를 받는 대상이 주어이고, 그 주어가 그 행위에 의해서 혜택, 이익을 받는다고 화자가 생각하고 있음을 나타낸다. 주어가「わたし」인 경우에는 보통 주어가 생략된다.

3) V て形 くれます

⑧ 母は [わたしに] セーターを 送って くれました。
　　어머니는 [저에게] 스웨터를 보내 주었습니다.

행위자가 주어이고, 그 행위에 의해서 행위의 대상이 혜택, 이익을 받는다고 화자가 생각하고 있음을 나타낸다. 행위의 대상 (조사「に」로 표시됨) 이 '나' 인 경우에는 보통 생략된다.
[주]「～て あげます」「～て くれます」의 문장에서 혜택을 받는 사람을 표시하는 조사는「～て あげます」「～て くれます」를 사용하지 않는 문장의 조사와 같다.

わたしに 旅行の 写真を 見せます。
↓
わたしに 旅行の 写真を 見せて くれます。　　저에게 여행 사진을 보여 줍니다.

わたしを 大阪城へ 連れて 行きます。
↓
わたしを 大阪城へ 連れて 行って くれます。　　저를 오사카성으로 데리고 가 줍니다.

わたしの 引っ越しを 手伝います。
↓
わたしの 引っ越しを 手伝って くれます。　　제 이사를 도와줍니다.

3. N_1 は N_2 が V

⑨ おいしい ワインですね。
　　……ええ、[この ワインは] 佐藤さんが くれました。
　　와인이 맛있네요.
　　……네, [이 와인은] 사토 씨가 주었습니다.

대답의 문장은「さとうさんが この ワインを くれました」의 목적어인「この ワインを」를 주제로 바꾼 형태 (제17과 5 참조) 이다.「この ワインは」는 화자와 청자 모두가 알고 있기 때문에 생략할 수 있다. 또한 이 문장에서는「さとうさん」이 주어가 되므로「が」가 사용된다.

제 25 과

I. 어휘

かんがえますⅡ	考えます	생각합니다, 고려합니다
つきますⅠ	着きます	도착합니다
とりますⅠ [としを~]	取ります [年を~]	듭니다 [나이가 ~]
たりますⅡ	足ります	충분합니다
いなか	田舎	시골
チャンス		찬스, 기회
おく	億	억
もし [~たら]		만약에 [~면]
いみ	意味	의미, 뜻

〈練習 C〉
もしもし   여보세요 (전화에서 사용함)

〈会話〉
転勤   전근 (～します：전근합니다)
こと   것, 일 (～のこと：～에 관한 것)
暇   틈
[いろいろ] お世話に なりました。   [여러 가지로] 신세를 졌습니다
頑張りますⅠ   열심히 합니다
どうぞ お元気で。   부디 건강하십시오. (오랫동안 헤어
                                            질 때 사용함)

ベトナム   베트남

II. 번역

문형
1. 비가 오면 나가지 않습니다.
2. 비가 와도 나갑니다.

예문
1. 만약에 1억엔이 있으면 무엇을 하고 싶습니까?
   ……학교를 세우고 싶습니다.
2. 전철과 버스가 다니지 않으면 어떻게 합니까?
   ……걸어서 집에 갑니다.
3. 저 새 구두 가게는 좋은 신발이 많이 있거든요.
   ……그렇습니까? 값이 싸면 사고 싶습니다.
4. 내일도 와야 합니까?
   ……무리라면 다음 주에 오십시오.
5. 벌써 아이 이름을 생각했습니까?
   ……네, 남자 아이라면 '히카루'입니다.
       여자 아이라면 '아야'입니다.
6. 대학을 졸업하면 곧 일을 할 겁니까?
   ……아니요, 1년 정도 여러 나라를 여행하고 싶습니다.
7. 선생님, 이 말의 뜻을 모르겠습니다.
   ……사전을 보았습니까?
   네. 사전을 봐도 모르겠습니다.
8. 더울 때 에어컨을 켭니까?
   ……아니요, 더워도 켜지 않습니다. 몸에 좋지 않다고 생각합니다.

회화

여러 가지로 신세 졌습니다

기무라 : 전근 축하합니다.
밀러 : 감사합니다.
기무라 : 밀러 씨가 도쿄에 가면 쓸쓸해지겠네요.
사토 : 그러게요.
기무라 : 도쿄에 가도 오사카를 잊지 마십시오.
밀러 : 물론입니다. 여러분, 시간이 있으면 꼭 도쿄에 놀러 와 주십시오.
산토스 : 밀러 씨도 오사카에 오면 전화 주십시오.
       같이 한잔합시다.
밀러 : 네, 꼭 합시다.
       여러분, 정말 여러 가지로 신세 졌습니다.
사토 : 힘내십시오. 건강에 조심하시고요.
밀러 : 네. 여러분도 부디 건강하십시오.

III. 참고 어휘와 정보

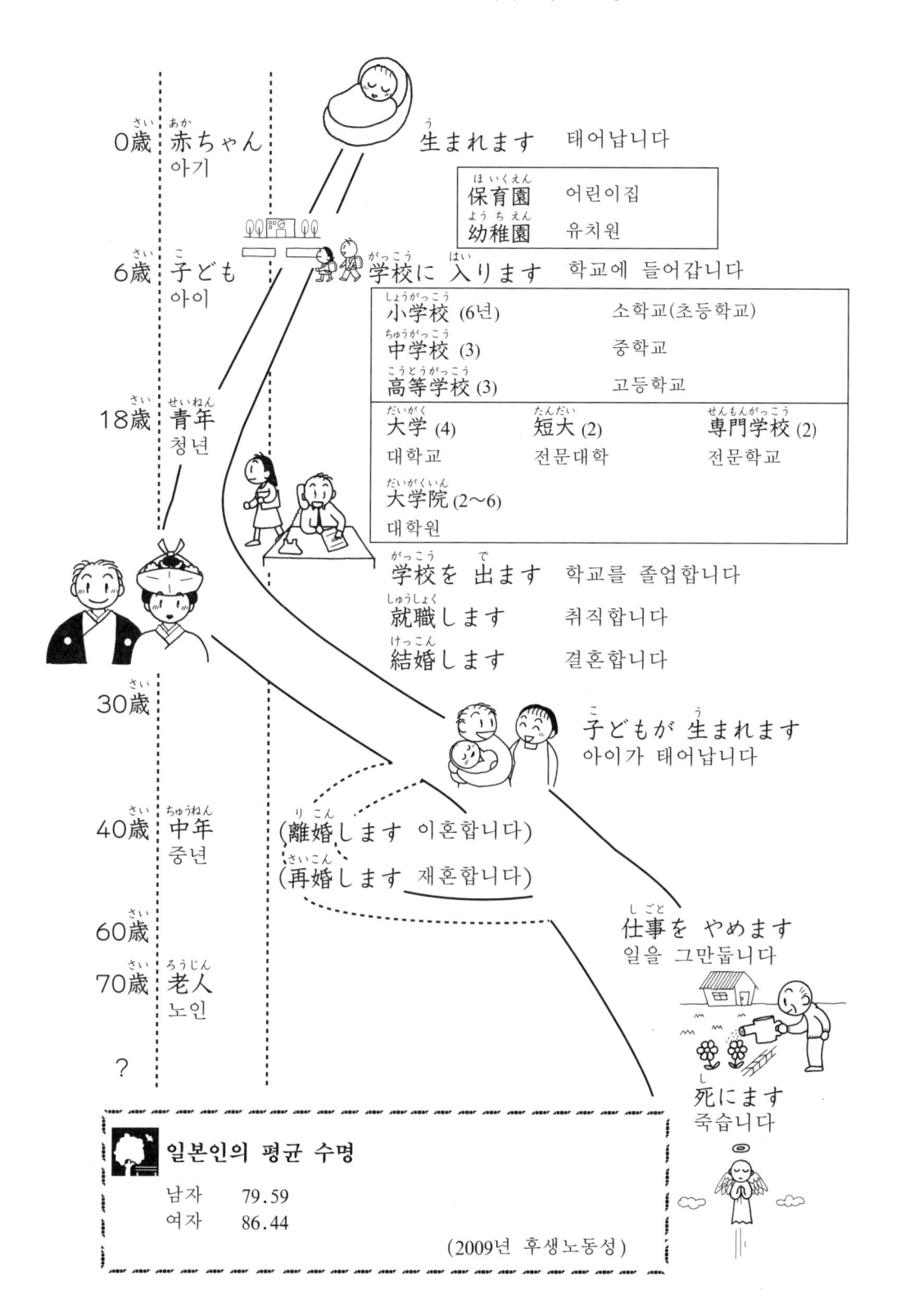

人の 一生 （ひと の いっしょう）　사람의 일생

- 0歳　赤ちゃん（あかちゃん）아기 — 生まれます　태어납니다
  - 保育園（ほいくえん）어린이집
  - 幼稚園（ようちえん）유치원
- 6歳　子ども　아이 — 学校に 入ります　학교에 들어갑니다
  - 小学校（しょうがっこう）(6년)　소학교(초등학교)
  - 中学校（ちゅうがっこう）(3)　중학교
  - 高等学校（こうとうがっこう）(3)　고등학교
- 18歳　青年（せいねん）청년
  - 大学（だいがく）(4)　대학교
  - 短大（たんだい）(2)　전문대학
  - 専門学校（せんもんがっこう）(2)　전문학교
  - 大学院（だいがくいん）(2〜6)　대학원
- 学校を 出ます　학교를 졸업합니다
- 就職します（しゅうしょく）취직합니다
- 結婚します（けっこん）결혼합니다
- 30歳 — 子どもが 生まれます　아이가 태어납니다
- 40歳　中年（ちゅうねん）중년
  - (離婚します（りこん）이혼합니다)
  - (再婚します（さいこん）재혼합니다)
- 60歳 — 仕事を やめます　일을 그만둡니다
- 70歳　老人（ろうじん）노인
- ? — 死にます　죽습니다

일본인의 평균 수명
남자　79.59
여자　86.44

(2009년 후생노동성)

IV. 문법 해설

1. 보통형 과거ら、～(주절)　　～으면 ～

동사, 형용사, 명사의 보통형 과거에「ら」를 붙여서 가정 조건을 나타내며, 그 뒤로 이어지는 절(주절)에서 그 가정 조건 아래에서 이루어지는 내용을 나타낸다. 주절에서는 화자의 의지, 희망, 권유, 의뢰와 같은 표현을 사용할 수 있다.

① お金が あったら、旅行します。
　　돈이 있으면 여행을 합니다.
② 時間が なかったら、テレビを 見ません。
　　시간이 없으면 텔레비전을 보지 않습니다.
③ 安かったら、パソコンを 買いたいです。
　　값이 싸면 PC를 사고 싶습니다.
④ 暇だったら、手伝って ください。
　　한가하면 도와주십시오.
⑤ いい 天気だったら、散歩しませんか。
　　날씨가 좋으면 산책하지 않겠습니까?

[주]「～と」뒤의 절(주절)에서는 의지, 희망, 권유, 의뢰 등의 표현은 사용할 수 없다.

×時間が あると、⎡コンサートに 行きます。　　（의지）
　　　　　　　　｜コンサートに 行きたいです。（희망）
　　　　　　　　｜コンサートに 行きませんか。（권유）
　　　　　　　　⎣ちょっと 手伝って ください。（의뢰）

2. Vた형ら、～(주절)　　～으면

「Vた형ら」의 내용이 이루어질 것을 미리 알고 있는 경우에, 그것이 이루어진 뒤에 주절의 동작이나 사태가 이루어짐을 나타낸다.

⑥ 10時に なったら、出かけましょう。
　　10시가 되면 나갑시다.
⑦ うちへ 帰ったら、すぐ シャワーを 浴びます。
　　집에 가면 곧 샤워를 합니다.

3.
```
V て형
V ない형なくて
い -adj (～い) → ～くて    も、~(주절)      ~어도
な -adj [な] → ～で
N で
```

역접의 가정 조건을 나타낸다. 「て형も」 뒤에 이어지는 절(주절)에서 그 가정 조건하에서 보통 예상되는 것과 반대의 일이 이루어지거나, 보통 예상되는 일이 이루어지지 않음을 나타낸다.

⑧ 雨が 降っても、洗濯します。　비가 와도 빨래를 합니다.
⑨ 安くても、わたしは グループ旅行が 嫌いです。
　　가격이 싸도 저는 단체 여행을 싫어합니다.
⑩ 便利でも、パソコンを 使いません。
　　편리해도 PC를 사용하지 않습니다.
⑪ 日曜日でも、働きます。　일요일이라도 일합니다.

4. もし

「もし」는 「～たら」와 함께 사용되며 그 문장이 조건문임을 미리 알리는 역할을 한다. 「もし」는 이것이 가정문임을 강조한다.

⑫ もし 1億円 あったら、いろいろな 国を 旅行したいです。
　　만약에 1억엔이 있으면 여러 나라를 여행하고 싶습니다.

5. 종속절 안의 주어

제16과 2에서 「～てから」절 내의 주어는 「が」로 표시한다고 설명했다. 「～てから」「～とき」「～と」「～まえに」 등과 마찬가지로 「～たら」「～ても」 종속절에서도 주어는 「が」로 표시한다.

⑬ 友達が 来る まえに、部屋を 掃除します。
　　친구가 오기 전에 방을 청소합니다. (제18과 참조)
⑭ 妻が 病気の とき、会社を 休みます。
　　아내가 아플 때 회사를 쉽니다. (제23과 참조)
⑮ 友達が 約束の 時間に 来なかったら、どう しますか。
　　친구가 약속 시간에 오지 않으면 어떻게 합니까? (제25과 참조)

칼럼 1 : 주제와 주어

1. 주제란

 일본어 문장은 (대개의 경우) 주제를 가지고 있다.

 주제는 문장의 첫머리에서 그 문장이 무엇에 대해서 말하는가를 나타내는 것으로 '~에 대해서 말하면'이라는 뜻이다. 예를 들어 문장 (1)은 「東京」에 대해서 그것이 「日本の 首都」임을 말하고 있다.

(1) 東京は 日本の 首都です.　　　　　도쿄는 일본의 수도입니다.

마찬가지로 (2)(3)은 각각 「この 部屋」「わたし」에 대해서 말하는 문장이다.

(2) この 部屋は 静かです.　　　　　이 방은 조용합니다.
(3) わたしは 先週 ディズニーランドへ 行きました.
　　　　저는 지난 주에 디즈니랜드에 갔습니다.

 주제는 「は」로 표시된다. 즉 주제가 있는 문장에서는 「は」를 사이에 두고 문장이 크게 둘로 나뉜다. 「は」가 붙은 부분이 주제이고, 문장 전체에서 주제를 제외한 부분을 '해설'이라고 한다.

(1) 東京は 日本の 首都です.　　　　　도쿄는 일본의 수도입니다.
　　　주제　　해설

2. 주어란

 주어란 술어(동사, 형용사, 명사+です)가 존재하는 데 있어서 제일 중요한 요소이다. 예를 들어 「飲みます (마십니다)」「走ります (달립니다)」와 같은 동사에서는 동작을 하는 사람, 「います (있습니다)」「あります (있습니다)」와 같은 동사에서는 존재하는 사람이나 사물, 「降ります (내립니다)」「吹きます (붑니다)」와 같은 동사에서는 사건의 주체(내리는 것, 부는 것), 「大きいです (큽니다)」「有名です (유명합니다)」와 같은 형용사나 「学生です (학생입니다)」「病気です (병들었습니다)」와 같은 「N+です」에서는 속성의 주체, 「好きです (좋아합니다)」「怖いです (무섭습니다)」와 같은 형용사에서는 감정의 주체를 나타낸다. 따라서 다음 각 예문에서 밑줄 친 명사구는 모두 주어이다.

 주제를 가지지 않는 문장에서 주어는 「が」로 표시된다.

(4) 太郎が ビールを 飲みました.　　　다로가 맥주를 마셨습니다.
(5) 机の 上に 本が あります.　　　　책상 위에 책이 있습니다.
(6) きのう 雨が 降りました.　　　　　어제 비가 내렸습니다.

3. 주제와 주어의 관계

  주어와 주제는 별개의 개념인데, 서로 밀접한 관계에 있다.

  주제를 가진 많은 문장에서는 주제는 주어이기도 하다. 예를 들어 (7)의「田中さん」, (8)의「佐藤さん」, (9)의「わたし」는 모두 (「は」가 붙어 있으므로) 주제인데, 동시에 (각각 속성의 주체, 감정의 주체이므로) 주어이기도 하다.

(7) 田中さんは 有名です。   다나카 씨는 유명합니다.
(8) 佐藤さんは 学生です。   사토 씨는 학생입니다.
(9) わたしは 犬が 怖いです。   저는 개가 무섭습니다.

  주제와 주어는 일치하는 경우가 (상대적으로) 많지만, 양자가 일치하지 않는 경우도 있다. 예를 들어 (10)에서는「この 本」이 (「は」가 붙어 있으므로) 주제인데,「書きます」라는 동작을 하는 것은「田中さん」이므로「この 本」은 주어가 아니다.

(10) この 本は 田中さんが 書きました。   이 책은 다나카 씨가 썼습니다.

  (10)은 문장 (11)의「この 本を」가 주제로 바뀐 것이라고 생각할 수 있다.

(11) 田中さんが この 本を 書きました。   다나카 씨가 이 책을 썼습니다.
(12) この 本をは 田中さんが 書きました。   이 책은 다나카 씨가 썼습니다.

먼저「この 本を」가 문장 첫머리로 이동한 후 주제를 나타내기 위해「は」가 붙는다. 이 때「を」와「は」는 동시에 사용할 수 없으므로「を」가 삭제되고「は」만 남은 결과 (10)이 된다.

  참고로「が」「を」이외의 조사는「は」와 함께 사용할 수 있다. 따라서 (13)(14)와 같은 문장이 성립된다.

(13) 田中さんには わたしが 連絡します。
    다나카 씨에게는 제가 연락하겠습니다.
(14) 山田さんからは 返事が 来ませんでした。
    야마다 씨에게서는 답신이 오지 않았습니다.

4. 주제가 있는 문장과 주제가 없는 문장

  일본어의 많은 문장에는 주제가 있는데, 주제가 없는 문장도 있다. 주제가 있는 문장에서는 주어를 나타내기 위해서「は」가 사용되고, 주제가 없는 문장에서는 주어를 나타내기 위해서「が」가 사용된다.

  주제가 없는 문장이 사용되는 경우는 다음과 같다.

1) 사건을 보고 듣는 대로 말하는 경우

　　사건을 오관으로 느낀 그대로 말하는 경우에는 주제가 없는 문장이 사용된다.

(15) あっ、雨が 降って います。　　　　　앗, 비가 내리고 있습니다.
(16) ラジオの 音が 小さいです。　　　　　라디오 소리가 작습니다.
(17) (窓の 外を 見て) 月が きれいだなぁ。　(창 밖을 보고) 달이 아름답군.

2) 사건을 객관적으로 전하는 경우나 이야기의 첫머리인 경우

　　이런 경우에도 주제가 없는 문장이 사용된다.

(18) きのう 太郎が 来ました。　　　　　　어제 다로가 왔습니다.
(19) 来週 パーティーが あります。　　　　다음 주에 파티가 있습니다.
(20) むかしむかし ある ところに おじいさんと おばあさんが いました。
　　　옛날 옛날 어느 곳에 할아버지와 할머니가 살고 있었습니다.

칼럼 2 : 절

절이란 문장이 다른 문장의 일부가 된 형태이다.

예를 들어 (1)의 밑줄 친 부분은 「田中さんが ここへ 来ました」, (2)의 밑줄 친 부분은 「あした 雨が 降ります」라는 문장이 다른 더 큰 문장의 일부가 된 것이다.

(1) <u>田中さんが ここへ 来た</u> とき、山田さんは いませんでした。
다나카 씨가 여기에 왔을 때 야마다 씨는 없었습니다.

(2) <u>あした 雨が 降ったら</u>、わたしは 出かけません。
내일 비가 오면 저는 나가지 않겠습니다.

이렇게 다른 문장의 일부가 된 절을 종속절이라고 한다. 한편 문장 전체에서 종속절을 제외한 부분을 주절이라고 한다.

종속절은 의미적으로는 주절의 내용을 더 자세히 설명하는 역할을 한다. 예를 들어 (2)는 '내가 나가지 않는 조건'으로 「あした 雨が 降ったら」라는 절을 더해서 주절의 내용을 한정하고 있다.

일본어의 통상적인 어순으로는 종속절은 주어보다 앞선다.

종속절의 주어는 보통 (「は」가 아니라) 「が」로 표시된다. 단, 「~が」 「~けど」로 끝나는 절의 주어는 「は」로 표시된다.

부록

1. 수사

0	ゼロ、れい	100	ひゃく
1	いち	200	にひゃく
2	に	300	さんびゃく
3	さん	400	よんひゃく
4	よん、し	500	ごひゃく
5	ご	600	ろっぴゃく
6	ろく	700	ななひゃく
7	なな、しち	800	はっぴゃく
8	はち	900	きゅうひゃく
9	きゅう、く		
10	じゅう	1,000	せん
11	じゅういち	2,000	にせん
12	じゅうに	3,000	さんぜん
13	じゅうさん	4,000	よんせん
14	じゅうよん、じゅうし	5,000	ごせん
15	じゅうご	6,000	ろくせん
16	じゅうろく	7,000	ななせん
17	じゅうなな、じゅうしち	8,000	はっせん
18	じゅうはち	9,000	きゅうせん
19	じゅうきゅう、じゅうく		
20	にじゅう	10,000	いちまん
30	さんじゅう	100,000	じゅうまん
40	よんじゅう	1,000,000	ひゃくまん
50	ごじゅう	10,000,000	せんまん
60	ろくじゅう	100,000,000	いちおく
70	ななじゅう、しちじゅう		
80	はちじゅう	17.5	じゅうななてんご
90	きゅうじゅう	0.83	れいてんはちさん
		$\frac{1}{2}$	にぶんの いち
		$\frac{3}{4}$	よんぶんの さん

II. 시간의 표현

날	아침	저녁, 밤
おととい 그저께	おとといの あさ 그저께 아침	おとといの ばん(よる) 그저께 저녁, 그저께 밤
きのう 어제	きのうの あさ 어제 아침	きのうの ばん(よる) 어제 저녁, 어젯밤
きょう 오늘	けさ 오늘 아침	こんばん(きょうの よる) 오늘 저녁, 오늘 밤
あした 내일	あしたの あさ 내일 아침	あしたの ばん(よる) 내일 저녁, 내일 밤
あさって 모레	あさっての あさ 모레 아침	あさっての ばん(よる) 모레 저녁, 모레 밤
まいにち 매일	まいあさ 매일 아침	まいばん 매일 저녁, 매일 밤

주	월	년
せんせんしゅう (にしゅうかんまえ) 지지난주	せんせんげつ (にかげつまえ) 지지난달	おととし 재작년
せんしゅう 지난주	せんげつ 지난달	きょねん 작년
こんしゅう 이번 주	こんげつ 이번 달	ことし 올해
らいしゅう 다음 주	らいげつ 다음 달	らいねん 내년
さらいしゅう 다다음 주	さらいげつ 다다음 달	さらいねん 내후년
まいしゅう 매주	まいつき 매달	まいとし, まいねん 매년

시간을 말하는 법

시 −時		분 −分	
1	いちじ	1	いっぷん
2	にじ	2	にふん
3	さんじ	3	さんぷん
4	よじ	4	よんぷん
5	ごじ	5	ごふん
6	ろくじ	6	ろっぷん
7	しちじ	7	ななふん
8	はちじ	8	はっぷん
9	くじ	9	きゅうふん
10	じゅうじ	10	じゅっぷん、じっぷん
11	じゅういちじ	15	じゅうごふん
12	じゅうにじ	30	さんじゅっぷん、さんじっぷん、はん
?	なんじ	?	なんぷん

요일 〜曜日	
にちようび	일요일
げつようび	월요일
かようび	화요일
すいようび	수요일
もくようび	목요일
きんようび	금요일
どようび	토요일
なんようび	무슨 요일

날짜					
월 −月		일 −日			
1	いちがつ	1	ついたち	17	じゅうしちにち
2	にがつ	2	ふつか	18	じゅうはちにち
3	さんがつ	3	みっか	19	じゅうくにち
4	しがつ	4	よっか	20	はつか
5	ごがつ	5	いつか	21	にじゅういちにち
6	ろくがつ	6	むいか	22	にじゅうににち
7	しちがつ	7	なのか	23	にじゅうさんにち
8	はちがつ	8	ようか	24	にじゅうよっか
9	くがつ	9	ここのか	25	にじゅうごにち
10	じゅうがつ	10	とおか	26	にじゅうろくにち
11	じゅういちがつ	11	じゅういちにち	27	にじゅうしちにち
12	じゅうにがつ	12	じゅうににち	28	にじゅうはちにち
?	なんがつ	13	じゅうさんにち	29	にじゅうくにち
		14	じゅうよっか	30	さんじゅうにち
		15	じゅうごにち	31	さんじゅういちにち
		16	じゅうろくにち	?	なんにち

III. 기간의 표현

시간		
	시간 －時間	**분** －分
1	いちじかん	いっぷん
2	にじかん	にふん
3	さんじかん	さんぷん
4	よじかん	よんぷん
5	ごじかん	ごふん
6	ろくじかん	ろっぷん
7	ななじかん、しちじかん	ななふん
8	はちじかん	はっぷん
9	くじかん	きゅうふん
10	じゅうじかん	じゅっぷん、じっぷん
?	なんじかん	なんぷん

기간				
	일 －日	**주일** －週間	**개월** －か月	**년** －年
1	いちにち	いっしゅうかん	いっかげつ	いちねん
2	ふつか	にしゅうかん	にかげつ	にねん
3	みっか	さんしゅうかん	さんかげつ	さんねん
4	よっか	よんしゅうかん	よんかげつ	よねん
5	いつか	ごしゅうかん	ごかげつ	ごねん
6	むいか	ろくしゅうかん	ろっかげつ、はんとし	ろくねん
7	なのか	ななしゅうかん	ななかげつ	ななねん、しちねん
8	ようか	はっしゅうかん	はちかげつ、はっかげつ	はちねん
9	ここのか	きゅうしゅうかん	きゅうかげつ	きゅうねん
10	とおか	じゅっしゅうかん、じっしゅうかん	じゅっかげつ、じっかげつ	じゅうねん
?	なんにち	なんしゅうかん	なんかげつ	なんねん

IV. 조수사

	사물	사람	순서	얇고 평평한 것
		－人	－番	－枚
1	ひとつ	ひとり	いちばん	いちまい
2	ふたつ	ふたり	にばん	にまい
3	みっつ	さんにん	さんばん	さんまい
4	よっつ	よにん	よんばん	よんまい
5	いつつ	ごにん	ごばん	ごまい
6	むっつ	ろくにん	ろくばん	ろくまい
7	ななつ	ななにん、しちにん	ななばん	ななまい
8	やっつ	はちにん	はちばん	はちまい
9	ここのつ	きゅうにん	きゅうばん	きゅうまい
10	とお	じゅうにん	じゅうばん	じゅうまい
?	いくつ	なんにん	なんばん	なんまい

	기계, 탈것	나이	책, 노트	옷
	－台	－歳	－冊	－着
1	いちだい	いっさい	いっさつ	いっちゃく
2	にだい	にさい	にさつ	にちゃく
3	さんだい	さんさい	さんさつ	さんちゃく
4	よんだい	よんさい	よんさつ	よんちゃく
5	ごだい	ごさい	ごさつ	ごちゃく
6	ろくだい	ろくさい	ろくさつ	ろくちゃく
7	ななだい	ななさい	ななさつ	ななちゃく
8	はちだい	はっさい	はっさつ	はっちゃく
9	きゅうだい	きゅうさい	きゅうさつ	きゅうちゃく
10	じゅうだい	じゅっさい、じっさい	じゅっさつ、じっさつ	じゅっちゃく、じっちゃく
?	なんだい	なんさい	なんさつ	なんちゃく

	빈도	작은 것	신발, 양말	집
	一回	一個	一足	一軒
1	いっかい	いっこ	いっそく	いっけん
2	にかい	にこ	にそく	にけん
3	さんかい	さんこ	さんぞく	さんげん
4	よんかい	よんこ	よんそく	よんけん
5	ごかい	ごこ	ごそく	ごけん
6	ろっかい	ろっこ	ろくそく	ろっけん
7	ななかい	ななこ	ななそく	ななけん
8	はっかい	はっこ	はっそく	はっけん
9	きゅうかい	きゅうこ	きゅうそく	きゅうけん
10	じゅっかい、じっかい	じゅっこ、じっこ	じゅっそく、じっそく	じゅっけん、じっけん
?	なんかい	なんこ	なんぞく	なんげん

	건물의 층수	가늘고 긴 것	컵이나 잔에 들어 있는 마실 것	작은 동물, 물고기, 벌레 등
	一階	一本	一杯	一匹
1	いっかい	いっぽん	いっぱい	いっぴき
2	にかい	にほん	にはい	にひき
3	さんがい	さんぼん	さんばい	さんびき
4	よんかい	よんほん	よんはい	よんひき
5	ごかい	ごほん	ごはい	ごひき
6	ろっかい	ろっぽん	ろっぱい	ろっぴき
7	ななかい	ななほん	ななはい	ななひき
8	はっかい	はっぽん	はっぱい	はっぴき
9	きゅうかい	きゅうほん	きゅうはい	きゅうひき
10	じゅっかい、じっかい	じゅっぽん、じっぽん	じゅっぱい、じっぱい	じゅっぴき、じっぴき
?	なんがい	なんぼん	なんばい	なんびき

Ⅴ. 동사의 활용

Ⅰ 그룹

	ます형		て형	사전형
会います[ともだちに～]	あい	ます	あって	あう
遊びます	あそび	ます	あそんで	あそぶ
洗います	あらい	ます	あらって	あらう
あります	あり	ます	あって	ある
あります	あり	ます	あって	ある
あります[おまつりが～]	あり	ます	あって	ある
歩きます	あるき	ます	あるいて	あるく
言います	いい	ます	いって	いう
行きます	いき	ます	いって	いく
急ぎます	いそぎ	ます	いそいで	いそぐ
要ります[ビザが～]	いり	ます	いって	いる
動きます	うごき	ます	うごいて	うごく
歌います	うたい	ます	うたって	うたう
売ります	うり	ます	うって	うる
置きます	おき	ます	おいて	おく
送ります	おくり	ます	おくって	おくる
送ります[ひとを～]	おくり	ます	おくって	おくる
押します	おし	ます	おして	おす
思い出します	おもいだし	ます	おもいだして	おもいだす
思います	おもい	ます	おもって	おもう
泳ぎます	およぎ	ます	およいで	およぐ
下ろします[おかねを～]	おろし	ます	おろして	おろす
終わります	おわり	ます	おわって	おわる
買います	かい	ます	かって	かう
返します	かえし	ます	かえして	かえす
帰ります	かえり	ます	かえって	かえる
かかります	かかり	ます	かかって	かかる
書きます(かきます)	かき	ます	かいて	かく
貸します	かし	ます	かして	かす
勝ちます	かち	ます	かって	かつ
かぶります	かぶり	ます	かぶって	かぶる

ない형		た형	의미	과
あわ	ない	あった	만납니다 [친구를 ～]	6
あそば	ない	あそんだ	놉니다	13
あらわ	ない	あらった	씻습니다	18
—	ない	あった	있습니다	9
—	ない	あった	있습니다 (무생물, 움직이지 않는 것에 대해서 사용함)	10
—	ない	あった	있습니다 [축제가 ～]	21
あるか	ない	あるいた	걷습니다	23
いわ	ない	いった	말합니다	21
いか	ない	いった	갑니다	5
いそが	ない	いそいだ	서두릅니다	14
いら	ない	いった	필요합니다 [비자가 ～]	20
うごか	ない	うごいた	움직입니다, 이동합니다, 작동합니다	21
うたわ	ない	うたった	노래합니다	18
うら	ない	うった	팝니다	15
おか	ない	おいた	둡니다, 놓습니다	15
おくら	ない	おくった	보냅니다	7
おくら	ない	おくった	보냅니다 [사람을 ～]	24
おさ	ない	おした	누릅니다, 밉니다 (도어를 ～)	16
おもいださ	ない	おもいだした	생각납니다	15
おもわ	ない	おもった	생각합니다, 여깁니다	21
およが	ない	およいだ	헤엄칩니다	13
おろさ	ない	おろした	찾습니다, 인출합니다 [돈을 ～]	16
おわら	ない	おわった	끝납니다	4
かわ	ない	かった	삽니다	6
かえさ	ない	かえした	돌려줍니다	17
かえら	ない	かえった	돌아갑니다, 들어갑니다	5
かから	ない	かかった	걸립니다, 듭니다(시간이나 돈에 사용함)	11
かか	ない	かいた	씁니다, 그림을 그리다	6
かさ	ない	かした	빌려줍니다	7
かた	ない	かった	이깁니다	21
かぶら	ない	かぶった	씁니다(모자를 ～)	22

	ます形		て形	사전형
頑張ります	がんばり	ます	がんばって	がんばる
聞きます	きき	ます	きいて	きく
聞きます[せんせいに〜]	きき	ます	きいて	きく
切ります	きり	ます	きって	きる
消します	けし	ます	けして	けす
触ります[ドアに〜]	さわり	ます	さわって	さわる
知ります	しり	ます	しって	しる
吸います[たばこを〜]	すい	ます	すって	すう
住みます	すみ	ます	すんで	すむ
座ります	すわり	ます	すわって	すわる
出します	だし	ます	だして	だす
立ちます	たち	ます	たって	たつ
使います	つかい	ます	つかって	つかう
着きます	つき	ます	ついて	つく
作ります、造ります	つくり	ます	つくって	つくる
連れて行きます	つれていき	ます	つれていって	つれていく
手伝います	てつだい	ます	てつだって	てつだう
泊まります[ホテルに〜]	とまり	ます	とまって	とまる
取ります	とり	ます	とって	とる
撮ります[しゃしんを〜]	とり	ます	とって	とる
取ります[としを〜]	とり	ます	とって	とる
直します	なおし	ます	なおして	なおす
なくします	なくし	ます	なくして	なくす
習います	ならい	ます	ならって	ならう
なります	なり	ます	なって	なる
脱ぎます	ぬぎ	ます	ぬいで	ぬぐ
登ります、上ります	のぼり	ます	のぼって	のぼる
飲みます	のみ	ます	のんで	のむ
飲みます	のみ	ます	のんで	のむ
飲みます[くすりを〜]	のみ	ます	のんで	のむ
乗ります[でんしゃに〜]	のり	ます	のって	のる
入ります[きっさてんに〜]	はいり	ます	はいって	はいる
入ります[だいがくに〜]	はいり	ます	はいって	はいる
入ります[おふろに〜]	はいり	ます	はいって	はいる
はきます	はき	ます	はいて	はく

ない형		た형	의미	과
がんばら	ない	がんばった	열심히 합니다	25
きか	ない	きいた	듣습니다	6
きか	ない	きいた	묻습니다 [선생님에게 ～]	23
きら	ない	きった	자릅니다	7
けさ	ない	けした	끕니다	14
さわら	ない	さわった	만집니다 [도어를 ～]	23
しら	ない	しった	압니다	15
すわ	ない	すった	피웁니다 [담배를 ～]	6
すま	ない	すんだ	삽니다	15
すわら	ない	すわった	앉습니다	14
ださ	ない	だした	냅니다, 보냅니다 (편지를 ～)	16
たた	ない	たった	섭니다, 일어섭니다	14
つかわ	ない	つかった	사용합니다	14
つか	ない	ついた	도착합니다	25
つくら	ない	つくった	만듭니다	15
つれて いか	ない	つれて いった	데리고 갑니다	24
てつだわ	ない	てつだった	돕습니다	14
とまら	ない	とまった	묵습니다 [호텔에 ～]	19
とら	ない	とった	집습니다	14
とら	ない	とった	찍습니다 [사진을 ～]	6
とら	ない	とった	듭니다 [나이가 ～]	25
なおさ	ない	なおした	고칩니다	24
なくさ	ない	なくした	잃어버립니다	17
ならわ	ない	ならった	배웁니다	7
なら	ない	なった	됩니다	19
ぬが	ない	ぬいだ	벗습니다(옷, 신발 등을 ～)	17
のぼら	ない	のぼった	오릅니다, 올라갑니다	19
のま	ない	のんだ	마십니다	6
のま	ない	のんだ	마십니다(술을 ～)	16
のま	ない	のんだ	먹습니다 [약을 ～]	17
のら	ない	のった	탑니다 [전철을 ～]	16
はいら	ない	はいった	들어갑니다 [커피숍에 ～]	14
はいら	ない	はいった	들어갑니다 [대학에 ～]	16
はいら	ない	はいった	들어갑니다 [목욕물에 ～]	17
はか	ない	はいた	입습니다(바지를 ～), 신습니다(신발을 ～)	22

	ます형		て형	사전형
働きます	はたらき	ます	はたらいて	はたらく
話します	はなし	ます	はなして	はなす
払います	はらい	ます	はらって	はらう
弾きます	ひき	ます	ひいて	ひく
引きます	ひき	ます	ひいて	ひく
降ります[あめが〜]	ふり	ます	ふって	ふる
曲がります[みぎへ〜]	まがり	ます	まがって	まがる
待ちます	まち	ます	まって	まつ
回します	まわし	ます	まわして	まわす
持ちます	もち	ます	もって	もつ
持って 行きます	もって いき	ます	もって いって	もって いく
もらいます	もらい	ます	もらって	もらう
役に 立ちます	やくに たち	ます	やくに たって	やくに たつ
休みます	やすみ	ます	やすんで	やすむ
休みます[かいしゃを〜]	やすみ	ます	やすんで	やすむ
呼びます	よび	ます	よんで	よぶ
読みます	よみ	ます	よんで	よむ
わかります	わかり	ます	わかって	わかる
渡ります[はしを〜]	わたり	ます	わたって	わたる

ない형		た형	의미	과
はたらか	ない	はたらいた	일합니다	4
はなさ	ない	はなした	말합니다, 이야기합니다	14
はらわ	ない	はらった	지불합니다	17
ひか	ない	ひいた	칩니다(현악기나 피아노를 연주한다는 뜻임)	18
ひか	ない	ひいた	당깁니다	23
ふら	ない	ふった	내립니다 [비가 ～]	14
まがら	ない	まがった	돌아서 갑니다 [오른쪽으로 ～]	23
また	ない	まった	기다립니다	14
まわさ	ない	まわした	돌립니다	23
もた	ない	もった	가집니다	14
もって いか	ない	もって いった	가지고 갑니다	17
もらわ	ない	もらった	받습니다	7
やくに たた	ない	やくに たった	도움이 됩니다	21
やすま	ない	やすんだ	쉽니다	4
やすま	ない	やすんだ	쉽니다 [회사를 ～]	11
よば	ない	よんだ	부릅니다	14
よま	ない	よんだ	읽습니다	6
わから	ない	わかった	압니다	9
わたら	ない	わたった	건넙니다 [다리를 ～]	23

II グループ

	ます형		て형	사전형
開けます	あけ	ます	あけて	あける
あげます	あげ	ます	あげて	あげる
集めます	あつめ	ます	あつめて	あつめる
浴びます［シャワーを～］	あび	ます	あびて	あびる
います	い	ます	いて	いる
います［こどもが～］	い	ます	いて	いる
います［にほんに～］	い	ます	いて	いる
入れます	いれ	ます	いれて	いれる
生まれます	うまれ	ます	うまれて	うまれる
起きます	おき	ます	おきて	おきる
教えます	おしえ	ます	おしえて	おしえる
教えます［じゅうしょを～］	おしえ	ます	おしえて	おしえる
覚えます	おぼえ	ます	おぼえて	おぼえる
降ります［でんしゃを～］	おり	ます	おりて	おりる
換えます	かえ	ます	かえて	かえる
変えます	かえ	ます	かえて	かえる
かけます［でんわを～］	かけ	ます	かけて	かける
かけます［めがねを～］	かけ	ます	かけて	かける
借ります	かり	ます	かりて	かりる
考えます	かんがえ	ます	かんがえて	かんがえる
着ます	き	ます	きて	きる
気を つけます	きを つけ	ます	きを つけて	きを つける
くれます	くれ	ます	くれて	くれる
閉めます	しめ	ます	しめて	しめる
調べます	しらべ	ます	しらべて	しらべる
捨てます	すて	ます	すてて	すてる
食べます	たべ	ます	たべて	たべる
足ります	たり	ます	たりて	たりる
疲れます	つかれ	ます	つかれて	つかれる
つけます	つけ	ます	つけて	つける
出かけます	でかけ	ます	でかけて	でかける
できます	でき	ます	できて	できる
出ます［おつりが～］	で	ます	でて	でる

ない형		た형	의미	과
あけ	ない	あけた	엽니다	14
あげ	ない	あげた	줍니다	7
あつめ	ない	あつめた	모읍니다	18
あび	ない	あびた	끼얹습니다[샤워를 ~(=샤워를 합니다)]	16
い	ない	いた	있습니다(생물, 움직이는 것에 대해서 사용함)	10
い	ない	いた	있습니다 [아이가 ~]	11
い	ない	いた	있습니다 [일본에 ~]	11
いれ	ない	いれた	넣습니다	16
うまれ	ない	うまれた	태어납니다	22
おき	ない	おきた	일어납니다, 깹니다	4
おしえ	ない	おしえた	가르칩니다	7
おしえ	ない	おしえた	가르칩니다 [주소를 ~]	14
おぼえ	ない	おぼえた	외웁니다	17
おり	ない	おりた	내립니다 [전철에서 ~]	16
かえ	ない	かえた	바꿉니다	18
かえ	ない	かえた	바꿉니다	23
かけ	ない	かけた	겁니다 [전화를 ~]	7
かけ	ない	かけた	낍니다 [안경을 ~]	22
かり	ない	かりた	빌립니다	7
かんがえ	ない	かんがえた	생각합니다, 고려합니다	25
き	ない	きた	입습니다 (셔츠를)	22
きを つけ	ない	きを つけた	주의합니다, 조심합니다	21
くれ	ない	くれた	줍니다	24
しめ	ない	しめた	닫습니다	14
しらべ	ない	しらべた	알아봅니다, 조사합니다	20
すて	ない	すてた	버립니다	18
たべ	ない	たべた	먹습니다	6
たり	ない	たりた	충분합니다	25
つかれ	ない	つかれた	지칩니다, 피곤해집니다	13
つけ	ない	つけた	켭니다	14
でかけ	ない	でかけた	외출합니다	17
でき	ない	できた	할 수 있습니다, 할 줄 압니다	18
で	ない	でた	나옵니다 [거스름돈이 ~]	23

	ます형		て형	사전형
出ます[きっさてんを～]	で	ます	でて	でる
出ます[だいがくを～]	で	ます	でて	でる
止めます	とめ	ます	とめて	とめる
寝ます	ね	ます	ねて	ねる
乗り換えます	のりかえ	ます	のりかえて	のりかえる
始めます	はじめ	ます	はじめて	はじめる
負けます	まけ	ます	まけて	まける
見せます	みせ	ます	みせて	みせる
見ます	み	ます	みて	みる
迎えます	むかえ	ます	むかえて	むかえる
やめます[かいしゃを～]	やめ	ます	やめて	やめる
忘れます	わすれ	ます	わすれて	わすれる

ない형		た형	의미	과
で	ない	でた	나옵니다, 나갑니다 [커피숍에서 ~]	14
で	ない	でた	나옵니다 [대학을 ~]	16
とめ	ない	とめた	멈춥니다, 세웁니다	14
ね	ない	ねた	잡니다	4
のりかえ	ない	のりかえた	갈아탑니다	16
はじめ	ない	はじめた	시작합니다	16
まけ	ない	まけた	집니다	21
みせ	ない	みせた	보여줍니다	14
み	ない	みた	봅니다	6
むかえ	ない	むかえた	맞이합니다	13
やめ	ない	やめた	그만둡니다 [회사를 ~]	21
わすれ	ない	わすれた	잊어버립니다	17

III 그룹

	ます형		て형	사전형
案内します	あんないし	ます	あんないして	あんないする
運転します	うんてんし	ます	うんてんして	うんてんする
買い物します	かいものし	ます	かいものして	かいものする
来ます	き	ます	きて	くる
結婚します	けっこんし	ます	けっこんして	けっこんする
見学します	けんがくし	ます	けんがくして	けんがくする
研究します	けんきゅうし	ます	けんきゅうして	けんきゅうする
コピーします	コピーし	ます	コピーして	コピーする
散歩します[こうえんを～]	さんぽし	ます	さんぽして	さんぽする
残業します	ざんぎょうし	ます	ざんぎょうして	ざんぎょうする
します	し	ます	して	する
します[ネクタイを～]	し	ます	して	する
修理します	しゅうりし	ます	しゅうりして	しゅうりする
出張します	しゅっちょうし	ます	しゅっちょうして	しゅっちょうする
紹介します	しょうかいし	ます	しょうかいして	しょうかいする
食事します	しょくじし	ます	しょくじして	しょくじする
心配します	しんぱいし	ます	しんぱいして	しんぱいする
説明します	せつめいし	ます	せつめいして	せつめいする
洗濯します	せんたくし	ます	せんたくして	せんたくする
掃除します	そうじし	ます	そうじして	そうじする
連れて来ます	つれてき	ます	つれてきて	つれてくる
電話します	でんわし	ます	でんわして	でんわする
勉強します	べんきょうし	ます	べんきょうして	べんきょうする
持って来ます	もってき	ます	もってきて	もってくる
予約します	よやくし	ます	よやくして	よやくする
留学します	りゅうがくし	ます	りゅうがくして	りゅうがくする

ない형		た형	의미	과
あんないし	ない	あんないした	안내합니다	24
うんてんし	ない	うんてんした	운전합니다	18
かいものし	ない	かいものした	쇼핑합니다	13
こ	ない	きた	옵니다	5
けっこんし	ない	けっこんした	결혼합니다	13
けんがくし	ない	けんがくした	견학합니다	16
けんきゅうし	ない	けんきゅうした	연구합니다	15
コピーし	ない	コピーした	복사합니다	14
さんぽし	ない	さんぽした	산책합니다 [공원을 ～]	13
ざんぎょうし	ない	ざんぎょうした	야근합니다, 시간외 근무를 합니다	17
し	ない	した	합니다	6
し	ない	した	맵니다 [넥타이를 ～]	22
しゅうりし	ない	しゅうりした	수리합니다	20
しゅっちょうし	ない	しゅっちょうした	출장합니다	17
しょうかいし	ない	しょうかいした	소개합니다	24
しょくじし	ない	しょくじした	식사합니다	13
しんぱいし	ない	しんぱいした	걱정합니다	17
せつめいし	ない	せつめいした	설명합니다	24
せんたくし	ない	せんたくした	빨래합니다	19
そうじし	ない	そうじした	청소합니다	19
つれてこ	ない	つれてきた	데리고 옵니다	24
でんわし	ない	でんわした	전화합니다	16
べんきょうし	ない	べんきょうした	공부합니다	4
もってこ	ない	もってきた	가지고 옵니다	17
よやくし	ない	よやくした	예약합니다	18
りゅうがくし	ない	りゅうがくした	유학합니다	21

監修 감수
鶴尾能子 (쓰루오 요시코)   石沢弘子 (이시자와 히로코)

執筆協力 집필 협력
田中よね (다나카 요네)   澤田幸子 (사와다 사치고)   重川明美 (시게카와 아케미)
牧野昭子 (마키노 아키코)   御子神慶子 (미코가미 게이코)

韓国語翻訳 한국어 번역
韓文化言語工房　中村克哉 (한문화언어공방 나카무라 가츠야)
奉美慶 (봉미경)

本文イラスト 본문 일러스트
田辺澄美 (다나베 기요미)   佐藤夏枝 (사토 나쓰에)

装丁・本文デザイン 장정・본문 디자인
山田武 (야마다 다케시)

写真提供
栃木県、姫路市、広島県

みんなの日本語 初級Ⅰ 第2版
翻訳・文法解説 韓国語版

1998年11月18日 初版第1刷発行
2013年 6 月 4 日 第2版第1刷発行
2018年 2 月23日 第2版第5刷発行

編著者　スリーエーネットワーク
発行者　藤嵜政子
発　行　株式会社スリーエーネットワーク
　　　　〒102-0083　東京都千代田区麹町3丁目4番
　　　　　　　　　　トラスティ麹町ビル2F
　　　　電話　営業　03(5275)2722
　　　　　　　編集　03(5275)2725
　　　　http://www.3anet.co.jp/
印　刷　倉敷印刷株式会社

ISBN978-4-88319-647-0 C0081
落丁・乱丁本はお取替えいたします。
本書の全部または一部を無断で複写複製（コピー）することは著作権法上
での例外を除き、禁じられています。
「みんなの日本語」は株式会社スリーエーネットワークの登録商標です。

みんなの日本語シリーズ

みんなの日本語 初級I 第2版

- 本冊(CD付) ……………………… 2,500円+税
- 本冊 ローマ字版(CD付) …… 2,500円+税
- 翻訳・文法解説 ……………… 各2,000円+税
  英語版／ローマ字版【英語】／中国語版／韓国語版／ドイツ語版／スペイン語版／ポルトガル語版／ベトナム語版／イタリア語版／フランス語版／ロシア語版(新版)／タイ語版／インドネシア語版
- 教え方の手引き ………………… 2,800円+税
- 初級で読めるトピック25 ….. 1,400円+税
- 聴解タスク25 …………………… 2,500円+税
- 標準問題集 ……………………… 900円+税
- 漢字 英語版 …………………… 1,800円+税
- 漢字 ベトナム語版 …………… 1,800円+税
- 漢字練習帳 ……………………… 900円+税
- 書いて覚える文型練習帳 …… 1,300円+税
- 導入・練習イラスト集 ………… 2,200円+税
- CD 5枚セット ………………… 8,000円+税
- 会話DVD ……………………… 8,000円+税
- 会話DVD PAL方式 ……… 8,000円+税
- 絵教材CD-ROMブック …… 3,000円+税

みんなの日本語 初級II 第2版

- 本冊(CD付) ……………………… 2,500円+税
- 翻訳・文法解説 ……………… 各2,000円+税
  英語版／中国語版／韓国語版／ドイツ語版／スペイン語版／ポルトガル語版／ベトナム語版／イタリア語版／フランス語版／ロシア語版(新版)／タイ語版／インドネシア語版

- 教え方の手引き ………………… 2,800円+税
- 初級で読めるトピック25 ….. 1,400円+税
- 標準問題集 ……………………… 900円+税
- 漢字 英語版 …………………… 1,800円+税
- 漢字練習帳 ……………………… 1,200円+税
- 書いて覚える文型練習帳 …… 1,300円+税
- 導入・練習イラスト集 ………… 2,400円+税
- CD 5枚セット ………………… 8,000円+税
- 会話DVD ……………………… 8,000円+税
- 会話DVD PAL方式 ……… 8,000円+税
- 絵教材CD-ROMブック …… 3,000円+税

みんなの日本語 初級 第2版

- やさしい作文 …………………… 1,200円+税

みんなの日本語 中級I

- 本冊(CD付) ……………………… 2,800円+税
- 翻訳・文法解説 ……………… 各1,600円+税
  英語版／中国語版／韓国語版／ドイツ語版／スペイン語版／ポルトガル語版／フランス語版／ベトナム語版
- 教え方の手引き ………………… 2,500円+税
- 標準問題集 ……………………… 900円+税
- くり返して覚える単語帳 ……… 900円+税

みんなの日本語 中級II

- 本冊(CD付) ……………………… 2,800円+税
- 翻訳・文法解説 ……………… 各1,800円+税
  英語版／中国語版／韓国語版／ドイツ語版／スペイン語版／ポルトガル語版／フランス語版／ベトナム語版
- 教え方の手引き ………………… 2,500円+税
- 標準問題集 ……………………… 900円+税
- くり返して覚える単語帳 ……… 900円+税

- 小説 ミラーさん
  ―みんなの日本語初級シリーズ―
  ………………………………… 1,000円+税

ウェブサイトで新刊や日本語セミナーをご案内しております。
http://www.3anet.co.jp/